BASICS

CLIMATISATION

\\ OLIVER KLEIN \\ JÖRG SCHLENGER

BASICS

CLIMATISATION

BIRKHÄUSER
BASEL · BOSTON · BERLIN

TABLE DES MATIÈRES

AVANT-PROPOS

Assurer le bien-être de l'homme est l'une des fonctions essentielles d'un bâtiment. Les occupants doivent être à l'abri des intempéries et des variations des conditions météorologiques, tout en bénéficiant d'assez d'air frais et de températures agréables. Aussi la climatisation des locaux représente-t-elle en architecture une préoccupation majeure, dépassant de loin la mise en œuvre purement technique d'installations de chauffage et de ventilation. Les projets intelligents apportent aux problèmes statiques, fonctionnels et techniques une solution globale, permettant de réduire – parfois jusqu'à zéro – les besoins énergétiques du bâtiment.

Pour intégrer cet objectif dès le début du processus de conception, il faut être capable de déterminer les besoins en matière de climatisation, ainsi que les possibilités d'y répondre. Cela implique de connaître les divers systèmes techniques existants, mais surtout de maîtriser leurs interdépendances et les relations qu'ils entretiennent avec les autres parties du bâtiment. Il est primordial de considérer la conception de la climatisation comme faisant partie intégrante du projet.

Le volume *Basics Climatisation* permettra aux étudiants et aux novices de se familiariser pas à pas avec cette thématique. Les auteurs commencent par présenter les exigences fondamentales en matière de confort, susceptibles de varier beaucoup en fonction de la destination des bâtiments et du climat. Les principes à suivre pour déterminer les besoins et y répondre montrent bien que, si l'on veut éviter les impacts négatifs sur l'environnement et réduire autant que possible la consommation d'énergie, il convient de réfléchir dès les premières phases de conception aux dispositifs techniques à prévoir.

Sont ensuite présentés divers systèmes de ventilation mécanique ou naturelle, ainsi que les critères à prendre en compte dans la recherche d'une solution adéquate. La régulation thermique est, elle aussi, abordée de façon systématique, depuis la production et le stockage éventuel de l'énergie jusqu'à sa transmission aux locaux, en passant par sa distribution au sein du bâtiment. Pour terminer, les auteurs montrent comment régulation thermique et ventilation peuvent s'articuler dans le cadre d'une solution globale.

L'ambition de cet ouvrage étant de mettre en lumière les enjeux de la climatisation et les possibilités qu'elle offre, l'accent n'est pas mis sur les calculs de dimensionnement des installations techniques, mais sur une approche intelligente et intégrée de la problématique, qui permette de développer dans chaque projet un concept optimal.

Bert Bielefeld, directeur de collection

INTRODUCTION

La température
corporelle
de l'homme
Si certains êtres vivants sont en mesure d'adapter la température de leur corps à leur environnement, l'homme a besoin, pour survivre, de conserver une température à peu près constante, de 37 ± 0,8 °C. La température extérieure étant soumise à des variations tributaires du climat, de la saison et de l'heure, le corps humain s'efforce de maintenir cette température par une thermorégulation dont l'individu n'a pas conscience. Pour ce faire, il cède, par la peau, une quantité de chaleur plus ou moins grande, en fonction de son degré d'activité et de la température ambiante. Si la température du corps augmente, les glandes sudoripares sécrètent de la sueur à la surface de la peau, ce qui permet d'évacuer de la chaleur par évaporation. Si la température du corps baisse, la peau se rétracte pour réduire la surface par laquelle elle perd de la chaleur, et les poils de la peau se dressent («chair de poule»). Au besoin, le corps produit un surcroît de chaleur par des tremblements musculaires.

Influences
climatiques
et compensation
La peau humaine ne peut cependant remplir cette fonction thermorégulatrice que jusqu'à un certain point, au-delà duquel la «deuxième peau» que sont les vêtements et la troisième que sont les bâtiments doivent prendre le relais, en assurant une protection thermique supplémentaire.

Dans l'histoire de l'humanité, la domestication du feu constitue sans doute l'étape la plus importante dans les efforts entrepris par l'homme pour s'affranchir des conditions climatiques et des saisons. Non seulement elle inaugurait l'entrée dans l'ère fossile, celle d'une production énergétique tributaire d'un ravitaillement permanent en combustibles, mais elle représentait au fond, grâce à la possibilité de produire artificiellement chaleur et lumière, la première forme de climatisation des locaux. Aujourd'hui, la destruction de l'environnement et les changements climatiques qu'entraîne l'exploitation des énergies fossiles sont devenus des préoccupations majeures.

Climatisation
énergétiquement
optimisée
Si l'on comprend par climatisation des locaux la production d'un climat ambiant indépendant des influences extérieures, propre à assurer le bien-être de l'homme grâce à la régulation de la température (chauffage ou réfrigération), à un éclairage adéquat et à un apport d'air frais suffisant (ventilation), il se peut que le recours aux technologies correspondantes conduise à une architecture uniforme, sans rapport avec le lieu. Il en résulte, dans le cas extrême, des cubes de verre hermétiquement fermés et entièrement climatisés, pratiquement identiques dans toutes les régions du monde. Or, outre les troubles qu'ils peuvent susciter chez les usagers, de tels bâtiments ont l'inconvénient de consommer d'énormes quantités d'énergie à des fins de chauffage, de réfrigération et d'éclairage. Le fait

que 50 % de l'énergie consommée dans le monde le soit par les bâtiments, montre que la climatisation des locaux doit fonctionner autrement.

Un bâtiment devrait toujours être conçu de sorte que le niveau de confort voulu ne requière que de faibles apports d'énergie supplémentaires. Aussi convient-il, avant de recourir à des mesures techniques (actives) de climatisation, d'exploiter toutes les mesures constructives (passives) envisageables, en tenant compte des conditions locales. › Chap. Principes de conception

Pour parvenir à un concept global énergétiquement optimisé, il s'agit toujours de combiner de façon judicieuse mesures passives et actives. On devra cependant aussi veiller à ce que les divers composants techniques utilisés soient adaptés les uns aux autres. Les explications qui suivent permettront au lecteur de se familiariser avec les principes de base de la climatisation et leurs interdépendances, de manière à pouvoir développer, pour chaque projet, une solution équilibrée.

EXIGENCES EN MATIÈRE DE CONFORT

Confort thermique

La notion de confort décrit un sentiment de bien-être sur lequel influent de multiples facteurs. Dans le domaine des installations techniques, on entend en général par là le confort thermique, qui désigne un état où le bilan thermique du corps est en équilibre avec le climat ambiant, c'est-à-dire où l'occupant ne ressent le milieu ni comme trop chaud, ni comme trop froid.

Importance
du confort

Loin d'être un luxe, le confort thermique est l'un des principaux critères à remplir pour qu'un local puisse être utilisé conformément à sa destination. Le fait qu'on se sente bien dans un bâtiment exerce une influence déterminante sur la capacité de concentration et la productivité des usagers, de même que – dans les immeubles de bureaux, par exemple – sur leur taux d'absence pour cause de maladie. Dans les locaux de production, un manque de confort peut entraîner une fatigue prématurée, avec tous les risques que cela comporte pour la sécurité au travail. Aussi l'adéquation entre climat ambiant et destination des locaux représente-t-elle l'un des grands critères à l'aune desquels se mesurera la qualité d'un projet.

Facteurs susceptibles d'influer sur le confort thermique

Le sentiment de confort dépend de toute une série de facteurs, répertoriés dans l'illustration 1.

Lors de la conception d'un bâtiment, on ne peut en général influer que sur les facteurs physiques, dont nous décrirons certains plus en détail. Mais l'habillement et l'activité des occupants auront, eux aussi, une grande incidence sur leur sensation de confort. Tous deux font partie, à l'instar de la capacité d'adaptation et d'acclimatation des usagers, des facteurs dits «intermédiaires», où interviennent des phénomènes aussi bien physiques que physiologiques.

Il se peut que d'autres facteurs encore soient déterminants pour le projet, notamment ceux liés à des catégories spécifiques d'usagers. Ainsi les personnes âgées ont-elles, par exemple, besoin d'une température ambiante plus élevée pour se sentir bien, ce dont on devra tenir compte lors de la conception d'une résidence pour seniors.

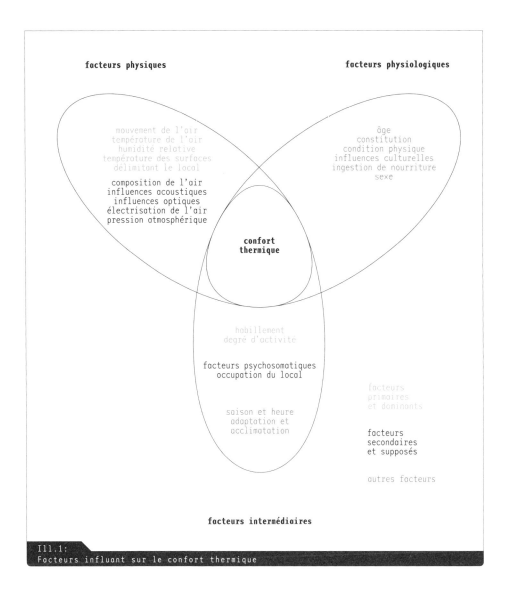

Ill.1:
Facteurs influant sur le confort thermique

Facteurs physiques

Température
ambiante
et radiante

Outre la température de l'air ambiant, le facteur physique le plus important est la température moyenne des surfaces qui délimitent le local. Comme tous les autres corps, celui de l'homme échange en permanence, par rayonnement, de la chaleur avec les surfaces qui l'entourent. Selon la distance et la différence de température entre les deux corps, une quantité

11

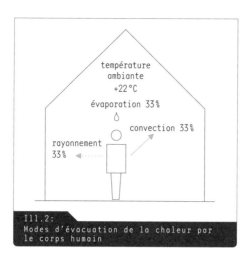

Ill.2:
Modes d'évacuation de la chaleur par
le corps humain

> 📎

plus ou moins grande de chaleur est dégagée ou absorbée par l'un ou par l'autre, ce qui en influence le bilan thermique.

En général, l'homme n'est pas incommodé par une légère différence entre températures ambiante et radiante. Mais si cette différence, ou celle entre les températures radiantes de diverses surfaces, se creuse davantage, il en résulte une sensation d'inconfort. Ainsi trouve-t-on inconfortable de se tenir à proximité d'une surface très chaude ou très froide (p. ex. un mur ou une fenêtre mal isolés), même si la température ambiante est agréable.
> Ill. 3

> ✎

Température
opérative

Le corps humain ne pouvant éprouver, par la peau, que des pertes ou des gains de chaleur plus ou moins grands, et non des températures absolues, la perception qu'a l'homme de la température dépend de

\\ Remarque:
Lorsqu'on exerce une faible activité physique,
qu'on est habillé normalement et que le local
présente une température habituelle, la chaleur
dégagée par le corps humain l'est à raison d'à
peu près un tiers par rayonnement, un tiers par
convection et un tiers par évaporation (voir
ill. 2).

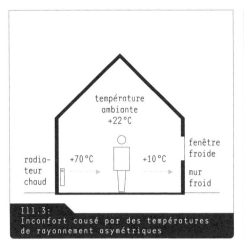

Ill.3:
Inconfort causé par des températures de rayonnement asymétriques

Ill.4:
Facteurs influant sur la température opérative

l'échange thermique qu'il entretient avec l'air et les surfaces qui l'entourent. Cet effet conjugué des températures ambiante et radiante sur la manière dont on se sent s'exprime par ce qu'on appelle la « température opérative » (ou « température ressentie »), qui s'est établie comme une grandeur déterminante lorsqu'il s'agit d'évaluer le confort d'un local en phase d'étude.

Dans un local, la température opérative peut varier d'un endroit à l'autre, en fonction de la distance à laquelle on se trouve des différentes surfaces délimitant l'espace. Utilisée pour évaluer, lors de la conception, les conditions thermiques régnant dans une pièce, la température opérative est définie comme la moyenne entre la température ambiante et la température moyenne de toutes les surfaces du local.

>

\\ Astuce:
Dans les locaux où l'on est la plupart du temps assis (bureaux, salons, etc.), il suffit que les plafonds soient un peu trop chauds ou les murs et fenêtres un peu trop froids pour que l'on éprouve une sensation d'inconfort. La différence de température entre l'air ambiant et les surfaces délimitant le local ne devrait pas dépasser trois kelvins (K). Des températures superficielles basses pourront, jusqu'à un certain point, être compensées par une température ambiante plus élevée, et inversement.

\\ Remarque:
Les températures opératives recommandées varient non seulement en fonction de la destination des locaux, mais aussi d'un pays à l'autre. La norme européenne EN 15251 prescrit par exemple, pour des activités assises légères, des valeurs de 20 à 26 °C. De nombreux pays disposent cependant de leurs propres normes, dont les recommandations s'écartent parfois de la norme européenne.

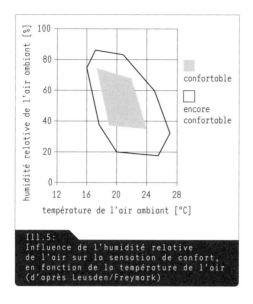

Ill.5:
Influence de l'humidité relative
de l'air sur la sensation de confort,
en fonction de la température de l'air
(d'après Leusden/Freymark)

Humidité
de l'air

Une partie de la chaleur cédée par le corps humain l'étant par évaporation, l'humidité relative de l'air influe elle aussi sur la sensation de
confort. Il se peut qu'on perçoive la température ambiante comme plus ou
moins chaude ou froide selon l'humidité de l'air, toutes conditions égales
par ailleurs. › Ill. 5

Outre les apports d'humidité provenant de l'intérieur du local (personnes et plantes), l'humidité relative est influencée, d'une part, par l'humidité de l'air extérieur (donc par le climat), d'autre part, par les variations
de température de l'air ambiant. Ainsi le réchauffement de l'air extérieur
froid entraîne-t-il en général, en hiver, une baisse de l'humidité relative de
l'air ambiant.

› ◊

◊
\\ Remarque:
Pour la plupart des activités (p. ex. les activités assises légères pratiquées chez soi ou au
bureau), on recommande une humidité relative
d'environ 50 % (±15 %). On notera cependant que
seuls les systèmes de climatisation intégrale
permettent de réguler à volonté l'humidité de
l'air ambiant.

Mouvement
de l'air

Indépendamment de son humidité, le mouvement de l'air est, lui aussi, susceptible d'influer de façon déterminante sur le confort thermique. Une vitesse de l'air trop élevée et des tourbillonnements (haut degré de turbulence du flux d'air) peuvent générer des courants d'air. La sensation de confort dépend en outre de la température de l'air : plus celle-ci est basse, plus les mouvements d'air se révèlent incommodants, les flux d'air chaud étant mieux tolérés. Plus l'air est chaud, moins les tourbillonnements sont problématiques.

Composition
de l'air

Bien que la composition de l'air reste en principe constante à basse altitude, elle influe, elle aussi, sur le sentiment général de confort. Cela s'explique par les variations, parfois très importantes, du niveau de pollution de l'air, et celles de sa teneur en vapeur d'eau, tributaires de la température.

Les impuretés contenues dans l'air peuvent provenir aussi bien de l'extérieur que de l'intérieur du bâtiment. Alors que les influences extérieures dépendent la plupart du temps de la localisation du bâtiment (trafic routier, etc.) et de la disposition des ouvertures assurant la ventilation, les principales influences internes sont celles émanant du bâtiment lui-même (matériaux utilisés, activités particulières) ainsi que des personnes qui l'occupent (teneur en dioxyde de carbone de l'air expiré, vapeur d'eau, odeurs, etc.). Afin d'éviter les nuisances, voire les atteintes à la santé, on devra respecter, pour les différents composants de l'air, certaines valeurs limites, en évitant les émanations précitées ou en assurant un renouvellement d'air suffisant.

Teneur de l'air
en CO_2

Revêt à cet égard une importance particulière la concentration de dioxyde de carbone dans l'air ambiant, concentration qu'accroissent par leur respiration les personnes présentes dans le local et qui se révèle déjà problématique lorsqu'elle est de l'ordre du pour mille. Contrairement à une idée très répandue, ce n'est en général pas un manque d'oxygène (O_2),

---

\\ Astuce :
Pour les activités assises légères exercées chez soi ou au bureau, il est souvent recommandé de limiter la vitesse moyenne de l'air à environ 0,2 m/s et le degré de turbulence à environ 5%, en prévoyant des bouches d'aération adaptées en nombre et en taille. Il convient cependant de tenir compte de l'inconfort que l'on pourra éprouver à proximité immédiate de ces bouches. Pour plus d'informations à ce sujet, on pourra par exemple consulter la norme européenne EN 15251.

\\ Remarque :
L'air sec se compose de 78,1% d'azote (N_2), de 23,93% d'oxygène (O_2), de 0,03% de dioxyde de carbone (CO_2) et de 0,94% d'argon et autres gaz rares. À cela s'ajoute une proportion variable de vapeur d'eau et d'impuretés telles qu'oxyde d'azote, dioxyde de soufre, gaz d'échappement, poussière, particules en suspension et divers micro-organismes.

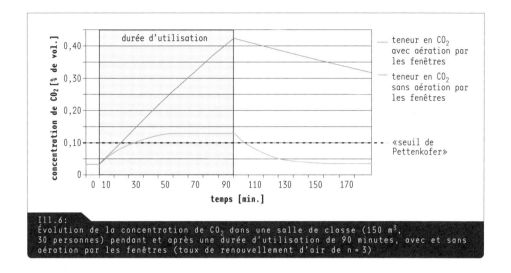

Ill.6:
Évolution de la concentration de CO_2 dans une salle de classe (150 m³, 30 personnes) pendant et après une durée d'utilisation de 90 minutes, avec et sans aération par les fenêtres (taux de renouvellement d'air de n = 3)

mais un excédent de CO_2 qui « vicie » l'air et détermine par conséquent le renouvellement d'air nécessaire. L'illustration 6 montre comment la concentration de CO_2 évolue dans une salle de classe durant une durée d'utilisation déterminée.

Autres
polluants

Si l'air respirable est corrompu par d'autres polluants encore, qu'il s'agisse par exemple de fumée ou d'émanations issues des matériaux mis en œuvre ou de certaines activités de production, il convient de ventiler davantage les locaux. La quantité d'air neuf nécessaire dépend dans ce cas de la concentration des polluants, qui doit être maintenue en deçà des valeurs limites admissibles par un renouvellement d'air approprié.

\\ Remarque:
Selon l'« échelle de Pettenkofer », établie par le médecin et hygiéniste munichois Max von Pettenkofer, la teneur de l'air ambiant en CO_2 ne devrait pas dépasser 0,10%. C'est cette exigence – assez sévère – que la plupart des pays européens retiennent comme critère de confort en matière de qualité de l'air. Il s'agit d'éviter que cette valeur limite ne soit dépassée en prévoyant des possibilités de ventilation suffisantes.

\\ Remarque:
Depuis peu, la capacité d'adaptation est prise en compte dans la conception des bâtiments. Ainsi certaines normes (p. ex. la norme européenne EN 15251) définissent-elles désormais les valeurs de confort recommandées en fonction de températures d'air extérieur moins élevées. Il est probable que différents pays adapteront à l'avenir leurs bases de conception à cette évolution.

16

Activité	Chaleur totale dégagée par personne [W]
Activité statique assise, telle que lecture ou écriture	120
Très légère activité physique, assise ou debout	150
Légère activité physique	190
Activité physique d'intensité moyenne à forte	plus de 270

Facteurs intermédiaires

Activité
des occupants

Lorsqu'on fait un effort physique, la quantité d'énergie transformée par le corps augmente, si bien que celui-ci doit céder davantage de chaleur à son environnement. › Tab. 1 Lorsqu'on bouge peu, la quantité d'énergie convertie est moindre, le corps ne devant dès lors pas perdre trop de chaleur. Le degré d'activité des occupants d'un local a donc, lui aussi, une influence déterminante sur leur sentiment de confort. Plus l'activité déployée est faible, plus la température doit être élevée pour être perçue comme agréable. En outre, les gens tolèrent en général moins bien que la température effective s'écarte de la température «idéale» lorsqu'ils bougent peu (p. ex. activité de bureau assise) que lorsqu'ils exercent une activité physique d'une certaine intensité (sport, travail physique, etc.).

Habillement

Indépendamment de l'activité physique exercée, l'habillement influe sur les transferts de chaleur et sur le bilan thermique du corps. Moins on est habillé, plus le corps cède de chaleur à l'air et aux surfaces qui l'entourent. C'est pourquoi l'on prévoit souvent, dans les locaux où l'on est nu ou nu-pieds (douches, saunas, etc.), une température ambiante plus élevée et des surfaces plus chaudes. À l'inverse, plus on est habillé, moins on est sensible aux variations thermiques, en raison de l'effet isolant des vêtements.

Capacité
d'adaptation

On appelle capacité d'adaptation ou d'acclimatation la faculté du corps humain de s'habituer, à court, moyen ou long terme, à certaines conditions climatiques (p. ex. périodes de canicule). Elle peut conduire à ce que des conditions d'abord perçues comme inconfortables soient, après un certain temps, ressenties comme agréables ou, en tout cas, moins incommodantes.

› 🛈

DÉTERMINATION DES BESOINS

Assurer toute l'année un climat ambiant qui corresponde à la destination des locaux et satisfasse aux critères de confort susmentionnés, telle est l'une des grandes fonctions d'un bâtiment. Si cela s'applique à toutes les zones climatiques, si différentes soient-elles, les mesures à prendre pourront, elles, varier sensiblement d'une région à l'autre.

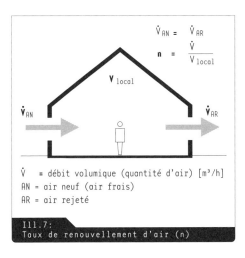

$$\dot{V}_{AN} = \dot{V}_{AR}$$

$$n = \frac{\dot{V}}{V_{local}}$$

V_{local}

$\dot{V}_{AN}$

$\dot{V}_{AR}$

$\dot{V}$ = débit volumique (quantité d'air) [m³/h]
AN = air neuf (air frais)
AR = air rejeté

Ill.7:
Taux de renouvellement d'air (n)

Besoins en matière de ventilation

Pour assurer une bonne qualité d'air à l'intérieur d'un bâtiment, il est nécessaire de renouveler l'air ambiant à intervalles déterminés, c'est-à-dire d'évacuer l'air vicié et les polluants qu'il contient pour les remplacer par de l'air frais. Cette fonction est en général assurée par les fenêtres, mais aussi, bien souvent, par des installations de ventilation mécanique. › Chap. Systèmes de ventilation Le taux de renouvellement d'air (n) indique combien de fois le volume d'air contenu dans un local doit être remplacé par de l'air frais dans un laps de temps déterminé (p. ex. en une heure). › Ill. 7

La fréquence à laquelle l'air doit être renouvelé pour garantir un air sain dépend dans une large mesure de la destination du local en question.

›

Taux minimal de renouvellement d'air

\\ Remarque:
Un air frais est un air provenant d'un environnement naturel non pollué. En matière de ventilation, il convient de faire la distinction entre air frais et air extérieur, car ce dernier, étant puisé à l'extérieur de l'enveloppe du bâtiment, peut tout à fait se révéler chaud et pollué. En général, cependant, l'air extérieur contient moins de CO_2 et d'impuretés que l'air intérieur. Les besoins en air frais sont donc la plupart du temps couverts par l'apport d'air extérieur, raison pour laquelle nous parlerons désormais d'air extérieur ou d'air neuf.

\\ Exemple:
Dans une pièce de 20 m² de surface de plancher, de 2,50 m de hauteur de plafond et donc de 50 m³ de volume, occupée par une personne, il serait suffisant, selon le tableau 3, de renouveler la moitié de l'air en une heure (n = 0,5/h). Le tableau 7 (p. 40) montre combien de temps on devrait par exemple laisser pour cela une fenêtre ouverte. Si la pièce était occupée par deux personnes, il faudrait un débit volumique d'air neuf $\dot{V}^*$ de 50 m³/h et donc un taux de renouvellement d'air de 1,0/h, ce qui signifie que tout l'air du local devrait être remplacé par de l'air neuf en une heure.

Les taux de renouvellement d'air recommandés dans la littérature différant cependant beaucoup d'un cas à l'autre, ils sont à considérer comme de simples moyennes, applicables à des tailles de locaux, à des densités d'occupation et à des concentrations de polluants usuelles. Ces valeurs n'en restent pas moins intéressantes au stade de l'avant-projet. › Tab. 2

Débit volumique
d'air neuf

La quantité d'air extérieur dont il convient d'alimenter un local par unité de temps, ce qu'on appelle le débit volumique d'air neuf $\dot{V}$ (le plus souvent exprimé en m³/h), devrait, dans l'idéal, être calculée en fonction de la pollution prévisible de l'air par les émanations issues des occupants ou d'autres sources. Après avoir déterminé ce débit et le volume du local, on peut calculer le taux de renouvellement d'air à garantir dans le cadre des études.

Comme nous l'avons vu, › Chap. Principes de conception, Exigences en matière de confort le renouvellement d'air doit être assez important pour que la limite supérieure recommandée en matière de concentration de CO_2 dans l'air ambiant ne soit pas dépassée. Le débit volumique d'air neuf requis dépend donc de la destination du local, de son niveau de pollution prévisible et du nombre de ses occupants. Dans la pratique, on se base sur les valeurs fournies par des tables. › Tab. 3, page suivante

Modulation du
débit volumique

Un accroissement de l'apport d'air neuf entraînant toujours, en cas de basses températures extérieures, une augmentation des déperditions de chaleur par ventilation, › plus bas le renouvellement d'air devrait se limiter à ce qui se révèle nécessaire d'un strict point de vue hygiénique. À l'inverse, il est possible de remédier à des situations de surchauffe en évacuant la chaleur excédentaire grâce à un accroissement ciblé du renouvellement d'air.

Tab. 2:
Taux recommandés de renouvellement d'air (n)

Type de local	n [h⁻¹]
Pièces d'habitation	0,6-0,7
Toilettes	2-4
Bureaux	4-8
Cantines	6-8
Restaurants	4-12
Cinémas	4-8
Auditoires	6-8
Salles de réunion	6-12
Grands magasins	4-6

Type de local	$\dot{V}_{AN\,min}$ en m³ /(h x personne)
Pièces d'habitation	25
Cinémas, salles de concert, musées, salles de sport, locaux de vente	20
Bureaux individuels, auditoires, classes, salles de séminaires et de conférences	30
Restaurants	40
Bureaux paysagés	50

Besoins en matière de régulation thermique

Les besoins en matière de régulation thermique (besoins en énergie calorifique et/ou frigorifique) résultent toujours d'un déséquilibre dans le bilan énergétique d'un bâtiment ou d'un local.

La température d'un local devrait toujours se situer à un niveau confortable, propice aux activités qui s'y déroulent. Un bâtiment perd de la chaleur par transmission (flux thermique traversant l'enveloppe du bâtiment sous l'effet des différences de température entre intérieur et extérieur) et par ventilation (échange d'air entre intérieur et extérieur, dû aux défauts d'étanchéité de l'enveloppe et à la ventilation naturelle ou mécanique volontaire des locaux). À l'inverse, le bâtiment est réchauffé, de l'extérieur, par le rayonnement solaire et, de l'intérieur, par les appareils et les personnes qu'il abrite. › III. 8

Aussi peut-il se révéler nécessaire, même si la construction est adaptée au climat (enveloppe à haute performance thermique, dispositifs pare-soleil adéquats, etc.), de prévoir des installations techniques destinées à garantir la température ambiante de consigne en assurant artificiellement, du moins par intermittence, un apport de chaleur supplémentaire ou, au contraire, l'évacuation de la chaleur excédentaire. Cela requérant toujours une certaine quantité d'énergie, on devrait chercher à réduire le plus possible – dans l'idéal complètement – les besoins en matière de chauffage ou de réfrigération, grâce à une architecture et à des installations techniques intelligentes, adaptées aux conditions locales. › Chap. Principes de conception, Couverture des besoins, Principe de prévention

Si les apports solaires et internes ne suffisent pas, les déperditions de chaleur subies par un bâtiment ou un local doivent être compensées par l'apport complémentaire d'un système de chauffage. › III. 9 Sur une année, les besoins en énergie de chauffage correspondent à la somme des déperditions de chaleur subies, à laquelle il convient de retrancher les gains thermiques enregistrés. Pour évaluer la performance thermique d'un bâtiment, on calcule en général les besoins annuels en énergie de chauffage par mètre carré de surface utile [kWh/(m²a)]. Cette caractéristique énergétique permet de classer le bâtiment selon les normes énergétiques nationales.

Bilan
énergétique
d'un local

Besoins en
énergie de
chauffage

› 0

20

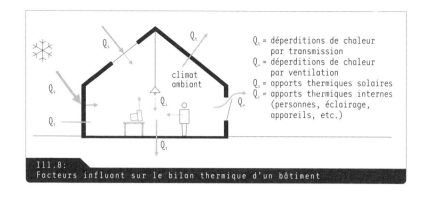

Ill.8:
Facteurs influant sur le bilan thermique d'un bâtiment

Q_t = déperditions de chaleur par transmission
Q_v = déperditions de chaleur par ventilation
Q_s = apports thermiques solaires
Q_i = apports thermiques internes (personnes, éclairage, appareils, etc.)

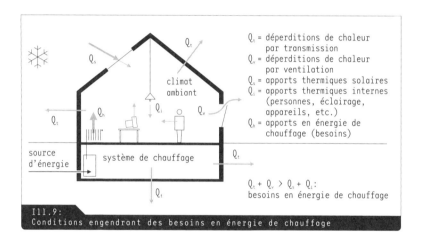

Ill.9:
Conditions engendrant des besoins en énergie de chauffage

Q_t = déperditions de chaleur par transmission
Q_v = déperditions de chaleur par ventilation
Q_s = apports thermiques solaires
Q_i = apports thermiques internes (personnes, éclairage, appareils, etc.)
Q_h = apports en énergie de chauffage (besoins)

$Q_t + Q_v > Q_s + Q_i$:
besoins en énergie de chauffage

\\ Remarque:

Les besoins annuels en énergie de chauffage ne donnent aucune indication sur la quantité d'énergie qu'il faut effectivement fournir au bâtiment. Pour déterminer ces besoins en énergie finale Q_e, qui s'affichent en général sur les compteurs (gaz, électricité, etc.), il s'agit de prendre en compte l'énergie nécessaire à la production d'eau chaude - que l'on pourra éventuellement combiner avec le chauffage - ainsi que l'efficacité de l'installation de chauffage, y compris les pertes survenant lors de la distribution de la chaleur et l'énergie auxiliaire nécessaire au fonctionnement de l'installation (courant consommé par les pompes, etc.). Pour évaluer les besoins globaux d'un bâtiment en énergie tout en tenant compte de leur impact sur l'environnement, il faut en outre prendre en considération le combustible utilisé. Cela peut se faire en déterminant soit la quantité de CO_2 rejetée dans l'atmosphère, soit les besoins globaux en énergie primaire (voir chap. Principes de conception, Couverture des besoins, Impacts sur l'environnement).

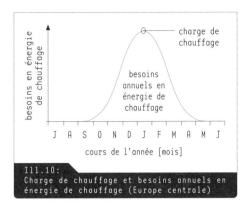

Ill.10:
Charge de chauffage et besoins annuels en énergie de chauffage (Europe centrale)

Tab.4:
Températures ambiantes usuelles pour locaux chauffés (selon EN 12831 annexe 1), dans le cas où le maître d'ouvrage n'exige pas d'autres valeurs

Type de bâtiment ou de local	Température opérative [°C]
Salons et chambres à coucher	+ 20,0
Bureaux, salles de réunion, espaces d'exposition, cages d'escaliers principales, salles de guichets	+ 20,0
Chambres d'hôtel	+ 20,0
Locaux de vente et magasins en général	+ 20,0
Locaux d'enseignement en général	+ 20,0
Salles de théâtre et de concerts	+ 20,0
Toilettes	+ 20,0
Salles de bains et douches, vestiaires, salles d'examen médical (de manière générale, tous les locaux où l'on est dévêtu)	+ 24,0
Locaux annexes chauffés (corridors, cages d'escaliers)	+ 15,0
Locaux annexes non chauffés (caves, cages d'escaliers, dépôts)	+ 10,0

Charge de chauffage

Pour dimensionner une installation de chauffage (générateur de chaleur et système de diffusion), il faut encore calculer la charge de chauffage, c'est-à-dire la puissance de chauffage maximale requise. Celle-ci indique la quantité de chaleur (en W ou kW) qu'il faut fournir au bâtiment dans les conditions les plus défavorables, c'est-à-dire le jour le plus froid de l'année, pour compenser les déperditions de chaleur et assurer des températures ambiantes conformes aux normes. › Tab. 4 et Ill. 10

Besoins en énergie frigorifique

Un apport en énergie frigorifique devient nécessaire lorsque les apports thermiques dus au rayonnement solaire et aux sources de chaleur internes excèdent les déperditions de chaleur par ventilation et transmission, et que les masses thermiques disponibles ne sont plus en mesure

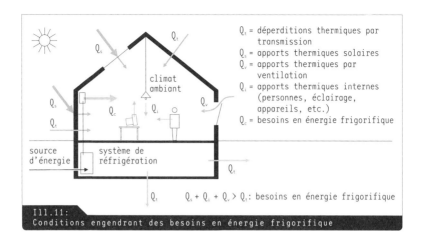

Q_t = déperditions thermiques par transmission
Q_s = apports thermiques solaires
Q_v = apports thermiques par ventilation
Q_i = apports thermiques internes (personnes, éclairage, appareils, etc.)
Q_c = besoins en énergie frigorifique

$Q_s + Q_i + Q_v > Q_t$: besoins en énergie frigorifique

Ill.11:
Conditions engendrant des besoins en énergie frigorifique

d'absorber cet excédent. › Chap. Principes de conception, Couverture des besoins Dans un tel cas, un dépassement des températures ambiantes encore considérées comme agréables ne peut plus être évité que par des mesures actives, c'est-à-dire par le recours à des installations techniques. › Ill. 11

› Ⓞ
Calcul
des besoins
en énergie
frigorifique

Du fait de la complexité des phénomènes physiques qui entrent en jeu, il est difficile de prévoir avec exactitude les besoins en énergie frigorifique qui se feront effectivement sentir. Comme il faudrait en principe tenir compte non seulement des variations des charges thermiques extérieures et intérieures, mais aussi de la chaleur absorbée et rejetée par la masse des éléments de construction, il est en général nécessaire de recourir à des logiciels de simulation dynamiques, permettant, dans les cas critiques ou problématiques, d'analyser une situation heure par heure, avec une grande précision.

Charge de
réfrigération

Aussi renonce-t-on d'ordinaire à déterminer avec exactitude les futurs besoins en énergie frigorifique, au profit d'un calcul de la charge de réfrigération effectué sur la base de conditions statiques, c'est-à-dire ne subissant pas de changements. Un tel calcul permet en particulier

Ⓞ
\\ Remarque:
Lorsque la température extérieure est élevée, les besoins en énergie frigorifique peuvent résulter non seulement des apports thermiques dus au rayonnement solaire et aux sources de chaleur internes (personnes, appareils, éclairage), mais aussi de la chaleur pénétrant dans le local par ventilation et à travers les éléments de construction mal isolés.

	Puissance en activité
Ordinateur avec écran	150 W
Imprimante laser	190 W
Personne, activité assise	120 W
Éclairage	10 W/m² de surface de plancher

d'estimer la charge frigorifique maximale, qui peut se révéler utile pour la conception de l'installation. Cette approche simplifiée conduisant toutefois souvent à des surdimensionnements, elle ne saurait remplacer les calculs plus précis d'un spécialiste.

Lorsqu'il s'agit, durant la phase de projet, de choisir un système de réfrigération, il est utile d'estimer la charge thermique totale des locaux et de la comparer avec la puissance des diverses installations envisageables. Le tableau 5 présente, à titre indicatif, les charges thermiques auxquelles on peut en général s'attendre dans un bureau.

Il s'agit d'examiner dans quelle mesure les besoins estimés à l'aide d'un calcul sommaire de la charge frigorifique peuvent être compensés par inertie thermique et par ventilation, ce qui permet en général de dimensionner l'installation de façon plus économique.

COUVERTURE DES BESOINS

Principe de prévention

Pour limiter autant que possible les besoins énergétiques d'un bâtiment, il s'agit de considérer, outre l'énergie finale nécessaire pour

\\ Exemple:
La charge frigorifique d'un bureau de 10 m² de surface de plancher peut être estimée de la façon suivante : en se basant sur les indications du tableau 5, on obtient une charge interne maximale de 560 W (150+190+120+100) ou, si on la rapporte à la surface du local, de 56 W/m². L'imprimante et l'éclairage ne dégageant cependant de la chaleur que par intermittence, cette valeur sera sans doute un peu trop élevée. Si l'on admet par exemple qu'ils ne seront en activité que la moitié du temps, on obtient une charge thermique interne de 41,5 W/m². Il convient en outre de tenir compte du rayonnement solaire traversant la façade.

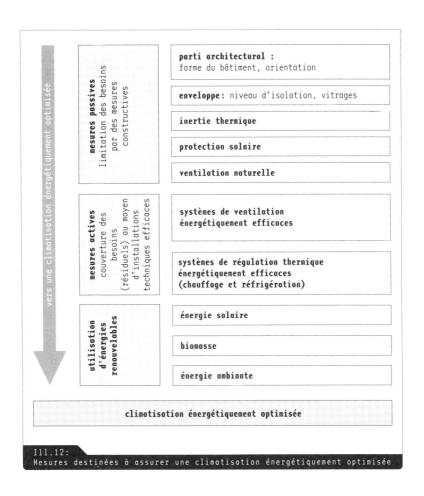

Ill.12:
Mesures destinées à assurer une climatisation énergétiquement optimisée

chauffer, refroidir et ventiler les locaux, les besoins liés à l'utilisation de ces derniers (énergie consommée par les ordinateurs, les machines, etc.). On pourra limiter les besoins et assurer l'apport d'énergie nécessaire en prenant des mesures actives et/ou passives. › Ill. 12

Mesures passives

Les mesures passives permettent d'influer, sans consommer d'énergie (ou presque), sur les apports et les déperditions thermiques. De telles mesures ne permettent certes pas toujours d'atteindre l'état souhaité, mais elles ont néanmoins un effet favorable, propre à réduire la quantité d'énergie requise par les mesures actives. Les mesures passives dépendant en partie des caractéristiques architecturales fondamentales du bâtiment, on devra y réfléchir dès le début des études.

25

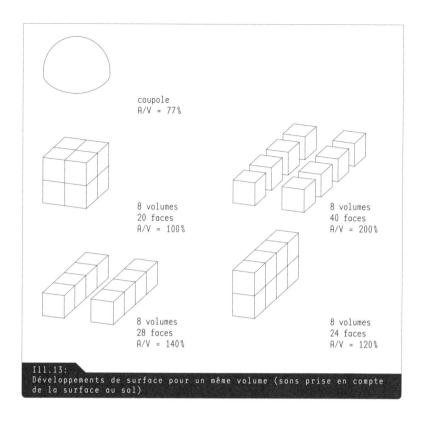

coupole
A/V = 77%

8 volumes
20 faces
A/V = 100%

8 volumes
40 faces
A/V = 200%

8 volumes
28 faces
A/V = 140%

8 volumes
24 faces
A/V = 120%

Ill.13:
Développements de surface pour un même volume (sans prise en compte de la surface au sol)

Forme du
bâtiment

C'est par son enveloppe qu'un bâtiment est en contact avec son environnement. Les dimensions de cette enveloppe déterminent donc la quantité de chaleur échangée entre intérieur et extérieur, raison pour laquelle la forme du bâtiment représente, en termes de bilan énergétique, un paramètre tout à fait fondamental. La valeur énergétique caractérisant la volumétrie d'un bâtiment est le rapport A/V, c'est-à-dire le rapport entre la superficie de l'enveloppe et le volume qu'elle englobe. > Ill. 13

Les possibilités d'optimiser la volumétrie du bâtiment en fonction de critères énergétiques sont limitées par divers paramètres – hauteurs de plafond, éclairage naturel des locaux profonds, relations fonctionnelles entre locaux, etc. – dont il s'agit de tenir compte lors de la conception. En principe, cependant, la répartition du programme dans plusieurs bâtiments isolés ou le choix d'une typologie très articulée (p.ex. plan en peigne) impliquent des linéaires de façade proportionnellement plus importants, ce qui se révèle défavorable sur le plan énergétique. À cet égard, la solution idéale consiste à opter pour des formes compactes et un nombre de bâtiments aussi limité que possible.

En jouant sur l'orientation et l'organisation interne du bâtiment, on pourra exploiter au mieux les apports solaires, au profit d'une moindre consommation d'énergie et d'un confort accru. Dans un immeuble d'habitation devant être la plupart du temps chauffé (p. ex. en Europe du Nord), les pièces requérant les températures les plus élevées (p. ex. les salons) devraient être tournées vers le soleil et dotées de grands vitrages, celles requérant des températures moins élevées (p. ex. les chambres à coucher) pouvant, elles, être privées de rayonnement solaire direct. Les locaux susceptibles de subir de fortes charges thermiques (p. ex. les salles de réunion à forte densité d'occupation) devraient être à l'abri du soleil, afin d'éviter des surchauffes qui nécessiteraient de refroidir la pièce. Les zones qui, du fait de leur destination, ne requièrent qu'un faible niveau de confort thermique (p. ex. les espaces de distribution), pourront être disposées autour des locaux principaux, de manière à servir de zones tampons entre climats ambiant et extérieur.

L'isolation thermique constituant, dans un bâtiment, une barrière thermique entre intérieur et extérieur, le niveau d'isolation renseigne sur la performance thermique de l'enveloppe. Dans les zones tempérées, qui ne connaissent que de faibles variations de température quotidiennes et annuelles, le niveau d'isolation revêt certes une importance moindre, mais il s'agit là de cas exceptionnels. En général, un bon niveau d'isolation se révèle utile dans les régions chaudes comme dans les froides, où il convient de limiter les besoins en énergie de chauffage et de réfrigération.

À cet égard, il s'agit d'accorder une attention toute particulière aux éléments transparents (fenêtres, jours zénithaux, etc.), dont les performances isolantes sont en effet, le plus souvent, inférieures à celles des éléments opaques. Dans le cas des grandes baies vitrées, il se peut, selon leur qualité et la localisation du bâtiment, que l'avantage procuré par les apports solaires soit anéanti, en hiver, par des déperditions thermiques accrues.

Tout matériau possède une capacité plus ou moins grande d'accumuler de la chaleur et de la restituer avec un certain décalage dans le temps. Ainsi, la quantité de chaleur que peuvent absorber et restituer les murs, le sol et le plafond d'un local varie-t-elle en fonction des matériaux utilisés. Le béton et la brique silico-calcaire peuvent par exemple emmagasiner plus de chaleur que le bois ou le placoplâtre. On parle à cet égard de la «masse thermique» d'un local ou d'un bâtiment. › III. 14

Si la masse thermique n'a pas d'influence directe sur les apports et les déperditions de chaleur enregistrés, elle est toutefois déterminante pour les besoins en énergie de chauffage ou de réfrigération à un moment donné, besoins qui seront en effet d'autant plus faibles que les éléments délimitant les locaux pourront accumuler et restituer plus de chaleur. De plus, une masse thermique importante améliore en général le confort, car

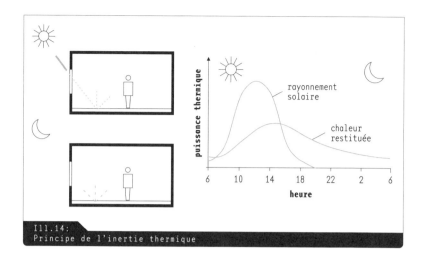

Ill.14:
Principe de l'inertie thermique

les températures superficielles augmentent ou diminuent alors moins rapidement lorsque la température ambiante croît ou décroît.

Protection solaire

Les dispositifs pare-soleil comptent parmi les mesures passives ayant le plus d'impact sur la climatisation des locaux. Comme nous l'avons vu, le rayonnement solaire pénétrant dans les locaux influe dans une large mesure sur leurs besoins énergétiques. Aussi les dispositifs de protection solaire mis en place doivent-ils permettre à la fois de maximiser le rayonnement solaire incident par temps froid et d'éviter les surchauffes par temps chaud.

›◌

Parmi les mesures de protection solaire envisageables, il convient de faire la distinction entre celles qui sont modulables et celles qui ne le sont pas. Parmi celles relevant de la seconde catégorie, la taille et l'orientation

◌

\\ Remarque:
Pour plus de détails concernant la conception des fenêtres et des dispositifs pare-soleil, voir Roland Krippner et Florian Musso, *Basics Baies et fenêtres*, Birkhäuser, Bâle 2008.

\\ Astuce:
Selon la destination du bâtiment, il se peut que le rayonnement solaire provoque toute l'année des situations critiques. C'est par exemple souvent le cas dans les immeubles de bureaux modernes, où les charges thermiques internes sont importantes. Lorsqu'ils sont bien isolés, ces immeubles n'ont besoin d'être chauffés que quelques jours par an, même dans les climats tempérés. Dans de tels cas, il convient, eu égard aux surchauffes susceptibles de se produire en été, d'examiner avec circonspection si de grands vitrages sont bien appropriés.

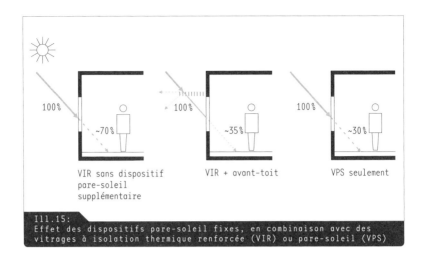

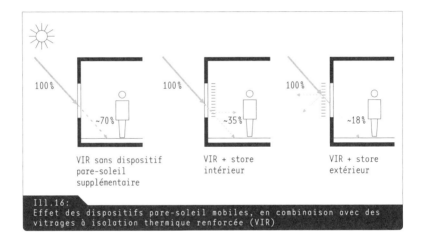

VIR sans dispositif pare-soleil supplémentaire

VIR + store intérieur

VIR + store extérieur

Ill.16:
Effet des dispositifs pare-soleil mobiles, en combinaison avec des vitrages à isolation thermique renforcée (VIR)

des fenêtres, l'ombre procurée par des éléments fixes faisant ou non partie du bâtiment (avant-toits, constructions voisines, arbres, etc.), ou encore le facteur solaire des vitrages mis en œuvre, ont l'inconvénient de n'être modifiables ni au fil de la journée, ni au cours de l'année. ‹ Ill. 15

Les dispositifs mobiles (jalousies, stores, etc.) permettent, eux, de doser à tout moment le rayonnement pénétrant dans les locaux et donc de réduire autant que faire se peut les besoins de chauffage en hiver, tout en évitant les surchauffes (ou l'accroissement des besoins en énergie frigorifique) en été. Aussi convient-il en principe de privilégier ces dispositifs – dont l'effet est décrit à l'illustration 16 – par rapport à ceux non modulables.

La ventilation naturelle doit aussi être considérée comme une mesure de climatisation passive. En effet, elle permet non seulement de couvrir les besoins en air neuf sans consommer d'énergie, mais aussi d'évacuer l'air chaud des locaux, en réduisant ainsi les besoins en énergie frigorifique. Les aspects à prendre en compte dans l'élaboration d'un concept de ventilation naturelle et les limites de cette dernière seront abordés plus en détail au chapitre «Systèmes de ventilation».

Mesures actives

Les besoins énergétiques qui ne peuvent être couverts par les mesures passives décrites ci-dessus doivent l'être par des mesures actives, consommatrices d'énergie. En principe, la mise en œuvre de systèmes actifs peut aussi présenter certains avantages, même s'ils sont d'une autre nature. Aussi convient-il d'appréhender tout concept de climatisation de façon globale, en prenant en considération tous ses composants et toutes les sources d'énergie auxquelles il fait appel.

On devra veiller à ce que les installations destinées à couvrir le reste des besoins énergétiques du bâtiment soient le plus efficaces possible, c'est-à-dire réduisent au maximum les pertes survenant lors de la production, de la distribution et de la diffusion de l'énergie dans les locaux. Il existe pour chacune de ces opérations une multitude de dispositifs présentant tous des avantages et des inconvénients, mais pas tous compatibles entre eux. Une approche globale est donc, ici encore, de rigueur, si l'on veut éviter que des choix malencontreux n'empêchent de tirer parti des potentiels existants. L'illustration 17 montre comment l'efficacité énergétique des systèmes de chauffage s'est améliorée au fil du temps.

Le choix d'un système de diffusion de la chaleur ou du froid dépendra en particulier de la part d'énergie qu'il transmettra par rayonnement et de son inertie de réglage.

Un corps de chauffe ou de réfrigération cède son énergie au local en partie par rayonnement, en partie par convection (transport de la chaleur

𝒫

\\ Exemple:
En hiver, une salle de réunion est maintenue à la température voulue par un système de chauffage. Lorsqu'une réunion a lieu, cependant, le local accueille un certain nombre de personnes dégageant toutes de la chaleur, si bien qu'un apport thermique supplémentaire n'est plus nécessaire. Il devrait donc être possible de réduire sans délai le régime du chauffage, de manière à éviter une surchauffe et une consommation inutile d'énergie.

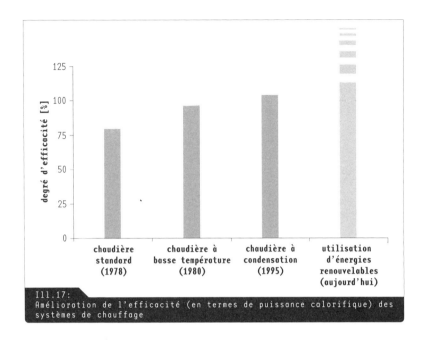

Ill.17:
Amélioration de l'efficacité (en termes de puissance calorifique) des systèmes de chauffage

par l'air). Compte tenu de la grande influence qu'exercent les températures superficielles sur la température ambiante opérative et, partant, sur la sensation de confort que l'on éprouve dans un local, les systèmes émettant la chaleur par rayonnement sont en général préférables. › Chap. **Principes de conception, Exigences en matière de confort**

L'inertie de réglage désigne le temps que met un système de diffusion pour réagir lorsqu'on en modifie le réglage (p. ex. en ouvrant ou fermant une vanne). Ce paramètre revêt une importance particulière lorsque les locaux concernés accueillent des activités ou présentent des charges thermiques variables.

Aussi opte-t-on souvent, dans les locaux soumis à des conditions variables et à des exigences élevées en matière de confort, pour un système combinant, d'une part, des surfaces rayonnantes inertes destinées à couvrir les besoins énergétiques de base et, d'autre part, un système à air pulsé réglable rapidement, destiné à répondre aux situations de pointe. Si de telles combinaisons sont intéressantes, dans la mesure où les inconvénients des divers composants se compensent mutuellement, tandis que leurs avantages s'additionnent, elles sont aussi assez onéreuses. › Chap. **Systèmes de régulation thermique, Diffusion de la chaleur et du froid**

Distribution de l'énergie

La distribution de l'énergie depuis l'endroit où elle est produite jusqu'à celui où elle est transmise aux locaux revêt, elle aussi, une grande importance dans l'élaboration d'un concept global. On devra d'abord

31

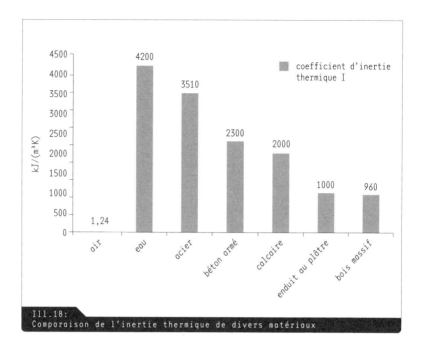

Ill.18:
Comparaison de l'inertie thermique de divers matériaux

garder à l'esprit que tout transport d'air ou d'eau dans des conduites ou des gaines implique des pertes : pertes dues au frottement du fluide contre les parois des conduites, mais aussi déperditions thermiques, de sorte que le fluide n'aura plus forcément la même température à l'arrivée qu'au départ. Il convient donc de minimiser les linéaires de conduites et d'isoler ces dernières le mieux possible.

Choix du fluide Le choix du fluide caloporteur ou frigorigène est d'une importance cruciale. À volume égal, l'eau et d'autres liquides peuvent emmagasiner bien plus de chaleur que l'air. > ill. 18

Lorsqu'on considère l'électricité consommée par les ventilateurs et les pompes nécessaires au transport de l'air et de l'eau, il apparaît que l'eau est un fluide caloporteur ou frigorigène beaucoup plus efficace que l'air. Du point de vue de l'énergie auxiliaire nécessaire à la distribution de la chaleur ou du froid, les systèmes tout eau sont donc à privilégier par rapport aux systèmes tout air. Ces derniers peuvent toutefois se révéler judicieux lorsque les besoins en énergie de chauffage ou de réfrigération sont faibles et qu'une installation de ventilation est de toute façon requise.

> Chap. Systèmes de régulation thermique, Distribution de la chaleur et du froid

Production de l'énergie S'agissant de la production de l'énergie calorifique ou frigorifique, il convient tout d'abord d'opter pour un agent énergétique adéquat, choix qui dépendra des besoins à couvrir (en chaleur, en froid, en courant, etc.)

et, bien sûr, de la disponibilité de l'agent énergétique en question. Dans le cas des énergies fossiles, cela concerne surtout les possibilités de raccordement aux réseaux existants (gaz, électricité, chauffage à distance, etc.), dans celui des énergies renouvelables, les possibilités d'exploitation (rayonnement solaire, géothermie, biomasse, etc.). Il se peut que les possibilités de stockage entrent aussi en ligne de compte (mazout, bois, etc.).

> Chap. Systèmes de régulation thermique, Production de l'énergie

Un autre critère déterminant pour le choix du générateur de chaleur ou de froid est son profil de charge, c'est-à-dire l'évolution, dans le temps, des besoins énergétiques à couvrir : ceux-ci peuvent en effet varier sensiblement en fonction des conditions climatiques, de l'utilisation des locaux, de la saison et de l'heure, de telles fluctuations pouvant avoir une influence déterminante sur l'efficacité globale du système.

À cet égard, il s'agit de tenir compte du fait que l'énergie doit être disponible au moment où l'on en a besoin, et qu'il peut dès lors se révéler nécessaire de l'emmagasiner : une installation solaire destinée à la production d'eau chaude sanitaire ne fonctionne par exemple que de jour, alors que les habitants du bâtiment utiliseront en général beaucoup plus d'eau chaude le matin et le soir qu'en pleine journée. Aussi la chaleur produite durant la journée devra-t-elle être stockée dans un accumulateur, afin d'être disponible aux heures de pointe.

Énergies fossiles et renouvelables

Si les installations de ventilation mécanique fonctionnent la plupart du temps à l'électricité, on a en général le choix, pour la production de chaleur et de froid proprement dite, entre divers agents énergétiques utilisables avec différents générateurs. Il convient à cet égard de faire la distinction entre sources d'énergie fossiles et renouvelables.

Sources
d'énergie
fossiles

Les sources d'énergie fossiles (pétrole, gaz naturel, charbon, etc.) ayant été engendrées, dans le sous-sol et à la surface de la terre, par des processus biologiques et physiologiques de très longue durée, elles ne peuvent être renouvelées à court terme. Les réserves en la matière sont donc limitées. Ces agents énergétiques sont riches en carbone, lequel, libéré dans l'atmosphère sous forme de dioxyde de carbone (CO_2) lors du processus de combustion, représente l'une des principales causes du réchauffement climatique planétaire.

Par le passé, l'énergie consommée par les bâtiments provenait presque exclusivement d'agents énergétiques fossiles, les technologies correspondantes s'étant de ce fait développées jusqu'à atteindre un bon degré d'efficacité. Malgré cette évolution positive, toutefois, l'alimentation énergétique des bâtiments reste l'une des principales causes d'émission de CO_2 à l'échelle mondiale, raison pour laquelle il est urgent de recourir davantage aux sources d'énergie renouvelables.

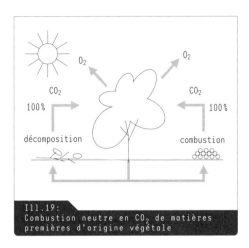

Ill.19:
Combustion neutre en CO_2 de matières premières d'origine végétale

On qualifie de «renouvelables» les sources d'énergie qui, dans une perspective humaine, sont inépuisables et durables, c'est-à-dire exploitables sans impact à long terme sur l'environnement.

Conformément à cette définition, les principales énergies renouvelables sont l'énergie solaire (production photovoltaïque d'électricité et thermie solaire), l'énergie hydraulique, l'énergie éolienne, la géothermie et la bioénergie (biomasse – bois, etc. – et biogaz – p. ex. gaz issus des boues d'épuration). La combustion de biomasse et de biogaz libère certes aussi du CO_2, mais ce gaz carbonique était déjà contenu dans l'atmosphère avant d'être absorbé par les plantes, et il aurait de toute façon été rejeté dans l'air au cours de leur décomposition naturelle. Aussi la combustion des agents énergétiques biologiques est-elle considérée comme neutre en matière de CO_2. > Ill. 19

L'enjeu n'est dès lors pas de proscrire toute libération de CO_2, mais d'éviter les émissions de CO_2 qui ne se seraient pas produites et n'auraient donc pas pollué l'atmosphère sans processus de combustion.

𝔒

\\ Remarque:
Le développement durable est celui qui répond aux besoins du présent sans compromettre la capacité des générations futures à répondre aux leurs. Exploiter un système naturel de façon durable signifie veiller à ce que ses principales caractéristiques soient préservées à long terme.

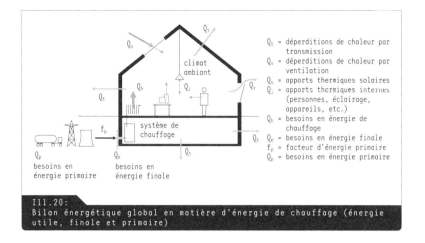

Ill.20:
Bilan énergétique global en matière d'énergie de chauffage (énergie utile, finale et primaire)

Dans le bâtiment, les systèmes techniques fonctionnant aux énergies renouvelables ont eux aussi connu, au cours des dernières années, une amélioration sensible de leur efficacité et, grâce aux nombreuses expériences faites, de leur fiabilité.

Impacts sur l'environnement

L'évaluation des besoins énergétiques des bâtiments s'est longtemps limitée à ceux générés à l'intérieur des constructions elles-mêmes (p. ex. énergie de chauffage). Pour évaluer les impacts d'un système de climatisation sur l'environnement, toutefois, une telle approche n'est pas suffisante, car elle ne prend en considération ni les pertes survenant à l'intérieur du bâtiment (p. ex. lors du réchauffement de l'eau dans la chaudière et lors du transport de l'eau de chauffage jusqu'aux radiateurs), ni celles qui se produisent entre le moment où l'énergie est produite et celle où elle est livrée au bâtiment. Aussi opère-t-on aujourd'hui la distinction entre les besoins en énergie utile à l'intérieur du bâtiment, les besoins en énergie finale à la limite du bâtiment et les besoins en énergie primaire, c'est-à-dire en agents énergétiques naturels. › Ill. 20

Facteurs
d'énergie
primaire

L'énergie nécessaire à la production d'énergie finale, y compris les processus intermédiaires (consommations intermédiaires matérielles et consommation d'énergies auxiliaires) nécessaires à l'extraction, à la préparation, à la transformation, au transport et à la distribution d'un agent énergétique, est définie par le facteur d'énergie primaire. › Tab. 6

Il est possible de produire du courant de différentes manières, par exemple dans des centrales à charbon, hydroélectriques ou nucléaires. Selon les parts d'énergie fossile, nucléaire et renouvelable utilisées pour la production d'électricité, on prendra en compte, pour le mélange de

Agent énergétique		Facteur d'énergie primaire (part non renouvelable) [kWh_{prim}/kWh_{fin}]	Facteur d'émission de CO_2 [g/kWh_{fin}]
Combustibles	Mazout extra-léger	1,1	303
	Gaz naturel H	1,1	249
	Gaz liquide	1,1	263
	Houille	1,1	439
	Lignite	1,2	452
	Bois	0,2	42
Chaleur à distance produite (à 70%) par couplage chaleur-force	Combustible fossile	0,7	217
	Combustible renouvelable	0,0	
Chaleur à distance	Combustible fossile	1,3	408
	Combustible renouvelable	0,1	
Électricité	Mélange de courant	2,7	647
Énergie naturelle	Énergie solaire, énergie ambiante	0,0	

courant produit, un facteur d'énergie primaire qui pourra varier d'un pays à l'autre, de sorte que l'utilisation de courant pourra faire l'objet d'une appréciation plus ou moins positive ou négative.

De façon analogue, on a défini des facteurs d'émission de CO_2 indiquant la quantité de gaz à effet de serre émise par kWh d'énergie finale consommée. Exprimés en g/kWh_{fin}, ces facteurs tiennent compte non seulement des émissions de CO_2 proprement dites, mais aussi d'autres polluants, ramenés à un «équivalent CO_2» en fonction de leur impact sur l'effet de serre. › Tab. 6 En multipliant ces facteurs avec les besoins énergétiques d'un bâtiment, on peut déterminer l'impact de son alimentation en énergie sur le réchauffement climatique global.

L'illustration 21 montre, sur la base de quelques exemples, l'influence qu'exerce le choix d'un agent énergétique sur les besoins en énergie primaire et les émissions d'équivalents CO_2 d'un bâtiment.

On voit ainsi que, pour couvrir des besoins en énergie finale de 50 kWh par mètre carré de surface habitable et par an, il faut presque trois fois plus d'énergie primaire quand on utilise de l'électricité que lorsqu'on

Facteurs
d'émission de CO_2

g/kWh_{fin}

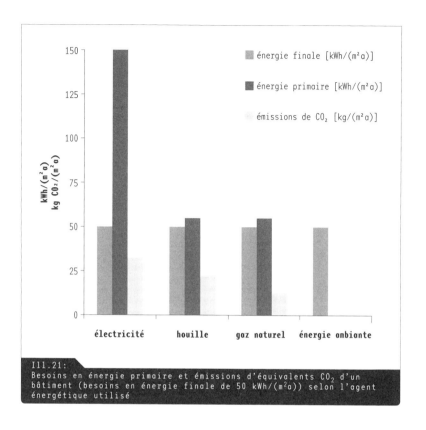

Ill.21:
Besoins en énergie primaire et émissions d'équivalents CO_2 d'un bâtiment (besoins en énergie finale de 50 kWh/(m²a)) selon l'agent énergétique utilisé

exploite l'énergie ambiante. Dans le cas du gaz ou du charbon, le rapport n'est que de 1,1, ce qui signifie que la quantité d'énergie primaire nécessaire n'est que de 10 % supérieure à la quantité d'énergie finale produite. Quant aux énergies naturelles, elles sont, en matière d'énergie primaire comme de CO_2, quasiment neutres.

Aussi convient-il d'éviter ou, du moins, de réduire dans toute la mesure du possible la consommation de courant ou d'énergies fossiles.

\\ Remarque:
Le facteur d'énergie primaire s'exprime en kWh_{prim}/kWh_{fin}. Il indique donc combien de kWh d'énergie primaire (c'est-à-dire quelle quantité d'un agent énergétique donné, p. ex. de charbon) sont nécessaires pour produire un kWh d'énergie finale (courant électrique, chaleur, etc.).

SYSTÈMES DE VENTILATION

Comme nous l'avons vu en passant en revue les diverses exigences en matière de confort, les facteurs les plus déterminants pour la sensation de confort que l'on éprouve dans un local sont la température de l'air, sa vitesse, son humidité et son degré de pureté, c'est-à-dire sa composition. La ventilation des locaux ayant une grande influence sur ces facteurs, le système de ventilation choisi revêt une importance de premier plan.

La principale fonction d'un tel système consiste à évacuer des locaux l'air chargé d'odeurs, de vapeur d'eau, de dioxyde de carbone et, parfois, de substances toxiques, à le remplacer par de l'air neuf et à produire ou maintenir dans les locaux une ambiance thermique agréable et homogène.

En technique de conditionnement de l'air, on établit une distinction fondamentale entre <u>ventilation naturelle</u> (ou libre) et <u>ventilation mécanique</u> (allant des installations de traitement de l'air jusqu'aux installations de climatisation intégrale). La limite entre les deux n'est cependant pas toujours claire, ni dans la pratique ni dans l'usage des termes. L'illustration 22 propose une classification possible des systèmes de ventilation.

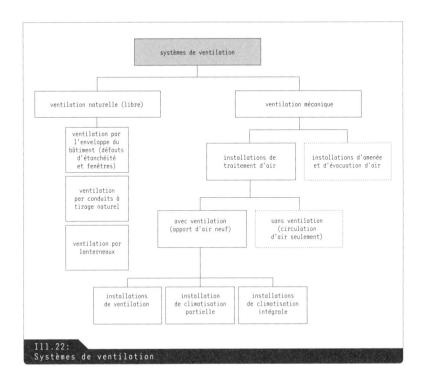

Ill.22:
Systèmes de ventilation

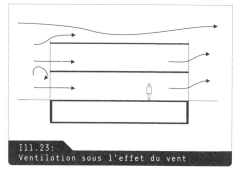

Ill.23:
Ventilation sous l'effet du vent

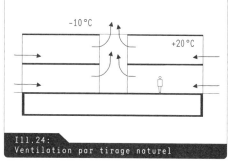

Ill.24:
Ventilation par tirage naturel

VENTILATION NATURELLE

Dans le cas de la ventilation naturelle, les mouvements d'air sont générés uniquement par les différences de pression produites, au niveau de l'enveloppe et dans le bâtiment, par le vent › III. 23 ou les différences de température (ascendance thermique). › III. 24

Comme le montre l'illustration 22, il existe trois modes de ventilation naturelle des locaux :

_ Par l'enveloppe du bâtiment (défauts d'étanchéité et fenêtres)
_ Par conduits à tirage naturel
_ Par lanterneaux

Dans chaque cas, le débit volumique d'air généré dépend dans une large mesure des conditions météorologiques, de la température ambiante ainsi que de la disposition, de la taille et de la conception des ouvertures de ventilation.

Ventilation par les défauts d'étanchéité de l'enveloppe

Il s'agit là du renouvellement d'air s'effectuant, en majeure partie, par les joints des portes et des fenêtres. Ce mode de ventilation pose toute une série de problèmes.

En effet, il suffit qu'il n'y ait pas de vent et que les différences de température soient faibles pour que le renouvellement d'air nécessaire d'un point de vue hygiénique ne soit plus garanti. De plus, les usagers n'ont en général aucune possibilité d'agir sur les échanges d'air s'effectuant par les joints de l'enveloppe, ce dont résultent, à la longue, des déperditions thermiques accrues, susceptibles de provoquer de graves dommages. Pour les éviter et assurer un renouvellement d'air adapté aux besoins, l'enveloppe des bâtiments économes en énergie – fenêtres comprises – doit être aussi étanche que possible et ne présenter aucun joint par lequel puisse se produire une ventilation non contrôlée. Cela implique que les besoins en air neuf soient couverts d'une autre manière.

Modalités de ventilation	Taux de renouvellement d'air
Fenêtres, portes fermées (ventilation par les joints)	0 à 0,5/h
Ventilation sur un côté, fenêtres ouvertes en position oscillo, pas de volets roulants	0,8 à 4,0/h
Ventilation sur un côté, fenêtres à moitié ouvertes	5 à 10/h
Ventilation sur un côté, fenêtres grandes ouvertes[1] (aération intermittente)	9 à 15/h
Ventilation transversale (aération intermittente par des fenêtres et portes opposées)	jusqu'à 45/h

[1] L'air contenu dans le local peut être entièrement renouvelé après 4 minutes d'aération seulement.

Ventilation par les fenêtres

La ventilation naturelle des locaux se fait d'ordinaire par les fenêtres ou d'autres ouvertures réglables (p. ex. des volets) que l'on ouvre, en fonction des besoins, durant un laps de temps plus ou moins court (aération intermittente) ou long (ventilation continue). Dans la plupart des bâtiments, il est possible d'assurer ainsi la ventilation des locaux de façon satisfaisante durant la majeure partie de l'année.

En hiver et en plein été, toutefois, la ventilation par les fenêtres se révèle problématique en raison des déperditions ou des charges thermiques qui en résultent, et ne convient donc que pour une aération intermittente.

Les fenêtres à guillotine et basculantes permettent une meilleure aération que les fenêtres à soufflet, car elles présentent des sections d'amenée et de sortie d'air d'égale dimension, réglables à volonté. › Ill. 25

Les courants générés lorsqu'on aère un local par les fenêtres sont différents en hiver et en été, car ils dépendent de la différence de température entre intérieur et extérieur. › Ill. 26

Lorsqu'un local n'est doté de fenêtres que sur un côté, l'air doit sortir et entrer par ces mêmes fenêtres. Dans l'idéal, la ventilation devrait être transversale (on dit aussi traversante), c'est-à-dire se faire par des fenêtres disposées sur des côtés opposés. Dans un logement, on devrait donc veiller à ce que les pièces soient ventilées transversalement ou, à tout le moins, par des fenêtres situées sur des côtés perpendiculaires. › Ill. 27

De cette manière, il est possible d'atteindre les taux de renouvellement d'air énumérés, à titre indicatif, dans le tableau 7.

Les taux de renouvellement d'air que permet une ventilation par les fenêtres et les défauts d'étanchéité de l'enveloppe dépendent dans une large mesure de la vitesse du vent et de la géométrie du bâtiment. Les locaux ne peuvent être ventilés naturellement que s'ils ne dépassent pas une certaine taille. Ainsi, la profondeur des locaux de moins de 4 m de hauteur de plafond

Types de fenêtres

Courants

Ventilation transversale

Taux de renouvellement d'air

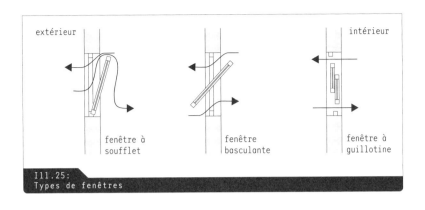

extérieur — intérieur

fenêtre à soufflet

fenêtre basculante

fenêtre à guillotine

Ill.25:
Types de fenêtres

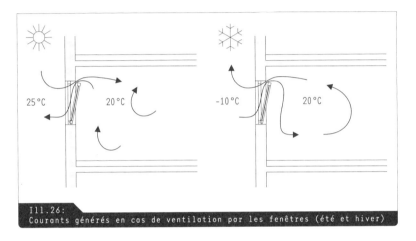

25 °C — 20 °C

-10 °C — 20 °C

Ill.26:
Courants générés en cas de ventilation par les fenêtres (été et hiver)

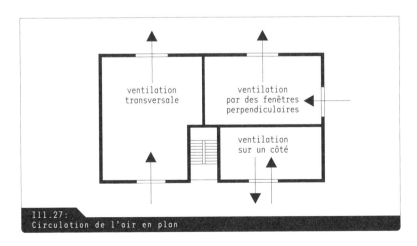

ventilation transversale

ventilation par des fenêtres perpendiculaires

ventilation sur un côté

Ill.27:
Circulation de l'air en plan

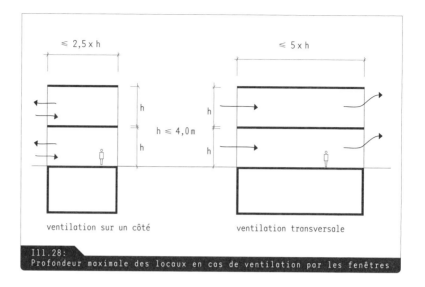

Ill.28:
Profondeur maximale des locaux en cas de ventilation par les fenêtres

ne devrait-elle pas dépasser 2,5 fois leur hauteur en cas de ventilation sur un seul côté, cinq fois cette hauteur en cas de ventilation transversale. › Ill. 28

Le tableau 8 fournit un aperçu des valeurs indicatives à prendre en compte lors de la conception d'un système de ventilation naturelle.

Comportement des usagers

Par ailleurs, le taux de renouvellement d'air que permet d'atteindre une ventilation par les fenêtres dépend aussi dans une large mesure du comportement des usagers. Il est certes bienvenu que ceux-ci puissent contrôler eux-mêmes les apports d'air neuf, mais il arrive souvent, dans la pratique, que l'on aère trop ou trop peu. Dès lors, une ventilation naturelle assurée par les seuls usagers ne permet pas de garantir un renouvellement contrôlé de l'air.

›

Tab.8:
Profondeurs de locaux et sections de ventilation indicatives (d'après les directives allemandes applicables aux lieux de travail)

Système	Hauteur de plafond (h)	Profondeur maximale du local	Sections respectives d'amenée et de sortie d'air en cm² par m² de surface de plancher
Ventilation sur un côté	jusqu'à 4,0 m	2,5 x h	200
Ventilation transversale	jusqu'à 4,0 m	5,0 x h	120
Ventilation transversale avec lanterneaux et ouvertures dans un mur de façade ou deux murs de façade opposés	plus de 4,0 m	5,0 x h	80

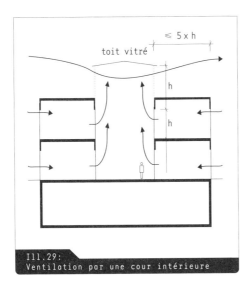

Ill.29:
Ventilation par une cour intérieure

Ventilation par conduits à tirage naturel

Une autre forme de ventilation naturelle est la ventilation par conduits à tirage naturel. Celle-ci repose aussi bien sur l'ascendance thermique due à la différence de température entre air intérieur et extérieur à la sortie des conduits, › Ill. 24, page 39 que sur l'effet de succion exercé par le vent lorsqu'il bute contre la partie émergente de ces derniers. › Ill. 30

Si ces conditions ne sont pas remplies, c'est-à-dire si les températures intérieure et extérieure sont égales (p. ex. en été) et qu'il n'y a pas de

\\ Astuce:

La création de cours intérieures permet d'alimenter en lumière et en air les pièces des bâtiments profonds. En outre, de telles cours fonctionnent, en termes de ventilation naturelle, comme des cheminées : l'air réchauffé monte et s'échappe par les ouvertures ménagées en toiture, ce qui génère une dépression ayant pour effet d'extraire l'air vicié des locaux contigus. Si la cour intérieure est dotée d'un toit vitré, il s'agit alors, pour éviter les surchauffes estivales, de prévoir des sorties d'air verticales suffisantes (voir ill. 29).

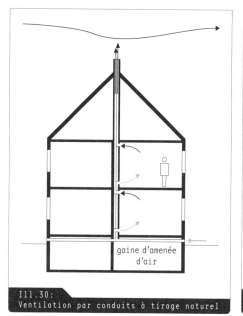

gaine d'amenée
d'air

Ill.30:
Ventilation par conduits à tirage naturel

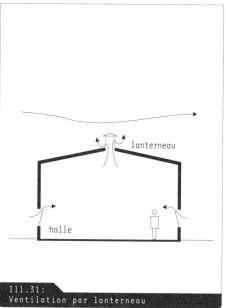

lanterneau

halle

Ill.31:
Ventilation par lanterneau

vent, ce mode de ventilation ne fonctionne pas sans ventilateur. Aussi la ventilation par conduits n'est-elle appropriée que pour les locaux dont il s'agit avant tout d'évacuer la vapeur d'eau (p. ex. salles de bains et buanderies), vapeur que les surfaces enduites peuvent d'abord absorber, puis libérer lorsque l'ascendance thermique est assez forte. Il est primordial que tout local à ventiler dispose de son propre conduit, afin de garantir un renouvellement d'air suffisant et d'éviter que les odeurs ne se propagent d'une pièce à l'autre.

Ventilation par lanterneaux

La troisième forme de ventilation naturelle est celle qu'assurent lanterneaux ou autres ouvertures d'évacuation d'air ménagées en toiture.
› Ill. 31

Comme la ventilation par conduits à tirage naturel, celle par lanterneaux repose pour l'essentiel sur l'ascendance thermique due aux différences de température entre intérieur et extérieur. On recourt surtout à ce mode de ventilation dans des locaux d'une hauteur de plafond de 4 m ou plus, › Tab. 8 en particulier dans les bâtiments industriels. Si la ventilation par lanterneaux n'entraîne pas de frais d'exploitation, elle est source d'importantes déperditions thermiques en hiver, raison pour laquelle on utilise aujourd'hui, dans de tels cas, des unités de ventilation mécanique avec récupérateur de chaleur.

VENTILATION MÉCANIQUE

Les systèmes de ventilation mécanique comprennent aussi bien les installations de ventilation simples (p.ex. ventilation par conduits avec ventilateur, aérateurs en façade) que les installations de traitement d'air qui, la plupart du temps, traitent l'air dans une centrale et en alimentent les locaux via un système de distribution (gaines, conduits). › Ill. 22, page 38

Installations de traitement d'air

Il existe des installations de traitement d'air avec et sans fonction de ventilation. Les secondes ne fonctionnent qu'avec de l'air recyclé, donc sans renouvellement d'air. On y recourt surtout dans les unités de production industrielle, raison pour laquelle nous ne les décrirons pas ici plus en détail.

Traitement
d'air avec
ventilation

Les installations de traitement d'air avec ventilation ont pour fonction de renouveler et de filtrer l'air ambiant. Travaillant toujours avec une certaine quantité d'air neuf et un dispositif d'extraction ou d'évacuation de l'air vicié, elles sont en mesure d'assurer un renouvellement d'air permanent. Si l'air ambiant ne contient ni polluants ni odeurs, il peut être en partie repris et mélangé à l'air neuf dans un caisson de mélange. De telles installations peuvent en outre faire subir à l'air d'autres modes de conditionnement, tels que réchauffement, refroidissement, humidification ou déshydratation. On établit à cet égard la distinction entre les catégories d'installations suivantes :

_ Les installations de ventilation, qui n'assument aucune ou qu'une seule fonction de conditionnement de l'air (p.ex. son réchauffement)

_ Les installations de climatisation partielle, qui assument deux ou trois fonctions de conditionnement de l'air (p.ex. réchauffement et refroidissement, ou bien réchauffement, refroidissement et déshydratation)

_ Les installations de climatisation intégrale, qui assument toutes les fonctions de conditionnement de l'air (réchauffement, refroidissement, humidification et déshydratation)

\\ Remarque:
Un récupérateur de chaleur retire son énergie calorifique ou frigorifique à l'air rejeté et la cède à l'air neuf, ce qui permet d'économiser la précieuse énergie qui serait sans cela nécessaire pour réchauffer ou refroidir l'air extérieur.

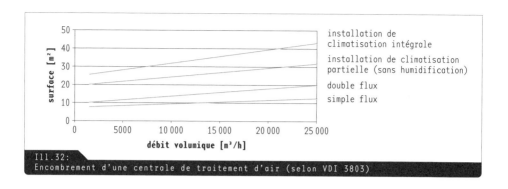

Ill.32:
Encombrement d'une centrale de traitement d'air (selon VDI 3803)

Centrales
de traitement
d'air (CTA)
Les installations de traitement centralisé de l'air requièrent des appareils qui, à partir d'une certaine taille, doivent être logés dans des locaux ad hoc (centrales de traitement d'air, en abrégé CTA). Il s'agit tout d'abord de déterminer les besoins en air neuf, en fonction de la destination des locaux, du climat extérieur et de l'ambiance recherchée. › **Chap. Principes de conception, Détermination des besoins**

Une fois que l'on connaît le débit volumique d'air neuf requis ($\dot{V}$), le graphique de l'illustration 32 permet de déterminer approximativement la place nécessaire pour une CTA en fonction du mode de traitement d'air à assurer.

Distribution de l'air

Si l'air est traité dans une centrale, il s'agit alors de le distribuer dans le bâtiment via des gaines verticales et horizontales, auxquelles on devra réserver la place nécessaire lors de la conception.

›
Forme des gaines
et place requise

La forme des gaines de ventilation dépendra de la place disponible et du flux d'air à assurer. Les gaines de section ronde sont bon marché et permettent un bon écoulement d'air, mais requièrent plus de place que celles

\\ Remarque:
Pour minimiser l'espace requis par les gaines, on pourra recourir, en alternative aux centrales de traitement d'air, à des systèmes de ventilation décentralisés permettant non seulement d'alimenter directement chaque local en air neuf, mais aussi d'en réguler la température de façon autonome en réchauffant ou refroidissant à volonté l'air pulsé (voir chap. Systèmes de régulation thermique, Distribution de la chaleur et du froid).

\\ Remarque:
Une installation de ventilation mécanique contrôlée (VMC) à double flux, c'est-à-dire chargée d'alimenter le local en air neuf et d'en évacuer l'air vicié, requiert pour chacune de ces opérations des gaines séparées, auxquelles on devra réserver la place nécessaire. On devra toutefois veiller à ce que les deux types de gaines ne se croisent pas, car l'abaissement des faux plafonds qu'impliquerait leur superposition nécessiterait, pour respecter les hauteurs de plafond minimales, de construire plus haut et donc plus cher.

🔍

\\ Exemple:
Calcul de la section de gaine requise pour
alimenter un local avec une quantité d'air de
1200 m3/h, pour une vitesse d'air de 3 m/s:

$A = \dot{V}/(v \times 3600)$
$= 1200 \ m^3/h/(3 \ m/s \times 3600 \ s/h)$
$= 0,1111 \ m^2 = 1111,11 \ cm^2$

Si, pour des raisons de place, la section de la
gaine doit présenter des proportions de 1:3, ses
dimensions se calculeront comme suit:

$b/h = 1/3$
$b = 3 \times h$
$A = b \times h = 3 \times h^2$
$h = \sqrt{(A/3)}$
$= \sqrt{(1111,11 \ cm^2/3)}$
$= 19,24 \ cm$, arrondi à 20 cm
$b = 3 \times h$
$= 3 \times 20 \ cm = 60 \ cm$

Si l'on optait pour une gaine de section ronde,
elle devrait présenter un diamètre de 40 cm et
prendrait donc plus de place (voir ill. 33).

de section rectangulaire. Aussi recourt-on plus souvent à ces dernières, dont les proportions peuvent aller de 1:1 (section carrée) à 1:10 au maximum (section aplatie). Pour minimiser les pertes de charge et le bruit dû à l'air, il convient d'éviter les changements de direction abrupts. On pourra en outre réduire le bruit dû à l'air en optant pour des gaines lourdes et de grande section, dans lesquelles l'air s'écoule moins vite.

Dans les gaines d'amenée d'air, celui-ci atteint d'ordinaire des vitesses de v = 3–5 m/s (dans les bâtiments d'habitation, de v = 1,5 m/s, voire moins). Sur la base de ces données indicatives et des quantités d'air précédemment calculées, il est possible de déterminer approximativement la section que devra présenter une gaine en utilisant la formule suivante:

$$A = \frac{\dot{V}}{v \times 3600} \ [m^2]$$

🔍

Isolation

où A est la section de la gaine en m^2, $\dot{V}$ le débit volumique (quantité d'air) en m^3/h et v la vitesse de l'air dans la gaine en m/s (= 3600 × m/h).

Afin d'assurer une bonne protection phonique, de réduire les déperditions thermiques en période de chauffage et d'éviter la formation d'eau de condensation en période de réfrigération, il convient d'isoler les gaines de ventilation. On devra dès lors tenir compte, lors de leur dimensionnement, de l'épaisseur du calorifuge – qui se monte en général à environ 5 cm – ainsi que des 5 à 10 cm de marge à prévoir tout autour de la gaine en vue du montage. › ill. 33

› 🗍

Protection
phonique
et incendie

Les gaines de ventilation reliant par ailleurs souvent plusieurs compartiments coupe-feu ou groupes de locaux aux fonctions différentes, il s'agit de prévoir, lors de la conception d'un réseau de gaines, des mesures adéquates de protection phonique et incendie. Clapets coupe-feu et dispositifs insonorisants doivent présenter des dimensions extérieures supérieures à celles des gaines elles-mêmes, et rester accessibles à des fins de maintenance.

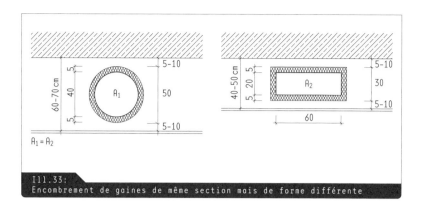

Ill.33:
Encombrement de gaines de même section mais de forme différente

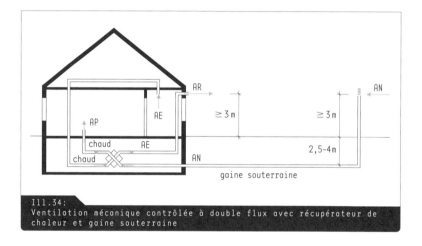

Ill.34:
Ventilation mécanique contrôlée à double flux avec récupérateur de chaleur et gaine souterraine

Gaines d'amenée et d'évacuation d'air

Les ouvertures d'amenée et d'évacuation d'air sont à placer à au moins 3 m du niveau du terrain et à munir d'un dispositif de protection contre la pluie, les oiseaux et les insectes. › Ill. 34 Aspirer l'air par une gaine souterraine posée à une profondeur de 2,5 à 4 m représente un moyen efficace d'économiser de l'énergie, car la température constante régnant sous terre a pour effet de pré-refroidir l'air en été et de le préchauffer en hiver.
› Chap. Systèmes de régulation thermique, Production de l'énergie

Récupération de la chaleur

Il est aussi possible de récupérer la chaleur de l'air vicié et de la restituer à l'air neuf via un échangeur thermique. Dans ce dernier, air rejeté et air soufflé se croisent sans entrer en contact l'un avec l'autre, ce qui empêche tout transfert de substances nocives. Le degré d'efficacité des échangeurs de chaleur peut atteindre 90 %. › Ill. 34

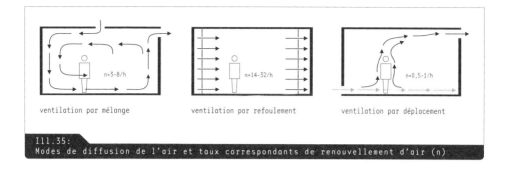

Diffusion de l'air dans les locaux

Le confort d'un local dépend pour beaucoup de la manière dont l'air conditionné y est diffusé. On distingue entre trois grands modes de diffusion de l'air : › Ill. 35

_ Ventilation par mélange
_ Ventilation par refoulement
_ Ventilation par déplacement

Ventilation par mélange

La ventilation par mélange est l'option la plus courante. Ici, l'air neuf est insufflé à une vitesse assez élevée par des bouches intégrées au plafond ou aux murs, et se mélange à l'air ambiant, statique.

Ventilation par refoulement

La ventilation par refoulement s'applique à des situations particulières. Ici, l'air neuf est introduit dans le local par tout un mur ou tout le plancher, pour en être évacué par le côté opposé. On recourt souvent à ce procédé dans les salles d'opération et autres salles blanches, car il permet d'éviter qu'air neuf et air ambiant ne se mélangent et garantit de ce fait des conditions ambiantes d'une grande pureté.

Ventilation par déplacement

La ventilation par déplacement est un mode de ventilation particulièrement confortable et économe en énergie. Ici, l'air neuf est insufflé à faible vitesse (< 0,2 m/s) en partie basse du local, à une température inférieure de 2 ou 3 K à la température ambiante. Il se répartit ainsi sur le sol, où il forme comme un «lac». Sous l'effet des sources de chaleur présentes dans le local (personnes, ordinateurs, etc.), l'air se réchauffe et monte, de sorte que chaque occupant bénéficie de la quantité d'air neuf nécessaire. Ce procédé permet d'abaisser le taux de renouvellement d'air au strict minimum (n = 0,5–1,0/h) et de réduire d'autant les besoins énergétiques. Ce mode de ventilation ne dépendant ni de la profondeur, ni du volume des locaux, on peut y recourir dans de vastes salles requérant beaucoup d'air neuf mais peu d'énergie calorifique (jusqu'à environ 35 W/m^2), comme les théâtres ou les salles de sport, mais aussi dans les bureaux.

RECHERCHE D'UN SYSTÈME ADÉQUAT

Tout système de ventilation présente des avantages et des inconvénients. › Tab. 9 On devrait en principe opter pour un système qui permette d'acheminer et de diffuser la quantité requise d'air neuf avec un minimum d'énergie et un maximum de confort.

Il convient, dans la mesure du possible, de privilégier la ventilation naturelle, car le recours à un système de ventilation mécanique implique presque toujours des frais d'installation et d'exploitation plus élevés. À cela s'ajoutent l'encombrement des divers appareils et gaines de ventilation nécessaires, ainsi que les mesures à prendre en matière de sécurité incendie et d'isolation phonique. Il est vrai toutefois qu'une ventilation mécanique permet, d'une part, de récupérer la chaleur et, d'autre part, d'accroître la valeur d'usage des locaux en garantissant un climat ambiant plus confortable.

Raisons d'opter pour une ventilation mécanique

On ne devrait opter pour une ventilation mécanique que si des raisons pratiques (liées à la construction ou à l'utilisation du bâtiment) l'exigent et/ou si l'on peut en attendre, globalement, des économies d'énergie :

Tab.9:
Caractéristiques des systèmes de ventilation

	Avantages	Inconvénients
Ventilation naturelle	Aucune énergie requise pour le traitement et la distribution de l'air	Efficacité tributaire des conditions climatiques (vitesse du vent et températures)
	Réduction du volume bâti (pas de gaines, pas de centrale, etc.)	Bon fonctionnement tributaire de la structure du bâtiment et de la profondeur des locaux
	Faibles frais d'investissement et de maintenance	Importantes déperditions thermiques en hiver
	Contact avec l'extérieur garanti (en cas de ventilation par les fenêtres)	Récupération de chaleur impossible ou très difficile
	Mode de ventilation très bien accepté par les usagers	
Ventilation mécanique	Ventilation réglable de façon fine	Frais d'installation, d'exploitation et de maintenance élevés
	Possibilité de récupérer la chaleur	Encombrement des appareils et des gaines
	Mode de ventilation adapté à toutes les fonctions de conditionnement de l'air (réchauffement, refroidissement, humidification et déshydratation)	Mode de ventilation mal accepté par les usagers, surtout s'ils n'ont pas de possibilités de réglage
	Possibilité de filtrer l'air pollué	

_ Les locaux aveugles doivent être dotés d'un dispositif d'amenée d'air neuf.

_ Une ventilation mécanique s'impose dans les bâtiments de plus de 40 mètres de hauteur car, en cas d'ouverture des fenêtres, la pression du vent et les phénomènes d'ascendance thermique généreraicnt, aux étages supérieurs, des courants d'air qui rendraient les locaux invivables sans mesures constructives ad hoc (doubles façades, etc.).

_ Les bâtiments exposés à de fortes nuisances olfactives ou sonores ou à d'importantes émissions de gaz d'échappement devraient être dotés d'une ventilation mécanique.

_ Les locaux très profonds, dans lesquels une ventilation naturelle ne permettrait pas d'assurer un renouvellement d'air suffisant, requièrent une ventilation mécanique. › Ill. 28, page 42

_ Les théâtres, cinémas et autres lieux de rassemblement possédant peu ou pas de fenêtres et destinés à accueillir un grand nombre de personnes, ne peuvent être ventilés naturellement.

_ Une ventilation mécanique s'impose dans les locaux devant présenter une qualité d'air déterminée (teneur en germes, température, humidité, etc.), comme c'est par exemple le cas des salles d'opération, des musées ou de certains locaux de production (microprocesseurs, etc.).

_ Une ventilation mécanique est aussi de rigueur dans les locaux qu'il est nécessaire de refroidir en raison des importantes charges thermiques auxquelles ils sont exposés (p. ex. centres de calcul).

_ Comme mentionné plus haut, une ventilation mécanique permet souvent de réaliser des économies d'énergie. En effet, les installations de ventilation – surtout celles dotées d'un récupérateur de chaleur – réduisent les déperditions thermiques par ventilation et représentent, en particulier dans les maisons passives, un élément clé du concept énergétique.

SYSTÈMES DE RÉGULATION THERMIQUE

Un système actif de régulation thermique a pour fonction de produire et d'amener jusqu'aux locaux, en consommant le moins d'énergie possible, la chaleur ou le froid nécessaires à la création d'un climat ambiant agréable. > Chap. Principes de conception, Exigences en matière de confort

Un tel système se compose de l'agent énergétique choisi, d'un générateur de chaleur ou de froid, d'un éventuel dispositif de stockage, d'un système de distribution et de transmission de l'énergie produite, ainsi que d'un dispositif de réglage. > Ill. 36

Pour que le système puisse déployer la puissance calorifique ou frigorifique requise à tout moment et avec un maximum d'efficacité, > Chap. Principes de conception, Détermination des besoins il importe que tous ses composants soient adaptés les uns aux autres.

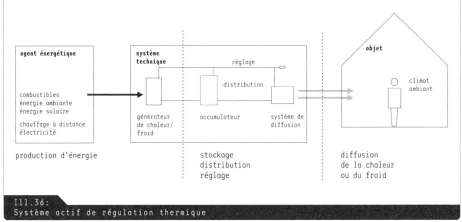

Ill. 36:
Système actif de régulation thermique

> 🔖

🔖

\\ Remarque:
Les conduites transportant l'eau depuis le générateur de chaleur ou de froid jusqu'au système de diffusion de l'énergie calorifique ou frigorifique sont appelées conduites aller, celles transportant l'eau dans le sens inverse, conduites retour. Les températures régnant à l'intérieur de ces conduites sont déterminantes pour la compatibilité des divers composants du système.

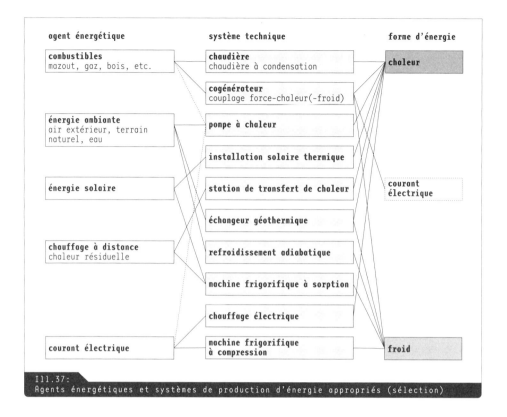

agent énergétique	système technique	forme d'énergie

combustibles
mazout, gaz, bois, etc.

chaudière
chaudière à condensation

chaleur

cogénérateur
couplage force-chaleur(-froid)

énergie ambiante
air extérieur, terrain
naturel, eau

pompe à chaleur

installation solaire thermique

énergie solaire

station de transfert de chaleur

courant
électrique

échangeur géothermique

chauffage à distance
chaleur résiduelle

refroidissement adiabatique

machine frigorifique à sorption

chauffage électrique

courant électrique

**machine frigorifique
à compression**

froid

Ill.37:
Agents énergétiques et systèmes de production d'énergie appropriés (sélection)

PRODUCTION DE L'ÉNERGIE

La manière dont on pourra produire de la chaleur ou du froid dans un bâtiment dépendra des sources d'énergie disponibles. L'illustration 37 présente divers systèmes de production d'énergie, ainsi que les agents énergétiques qu'ils permettent d'utiliser.

Combustibles

Dans le domaine de la climatisation, l'utilisation de combustibles fossiles tels que pétrole, gaz naturel ou charbon sert surtout à produire de la chaleur.

On sait toutefois que la combustion d'agents énergétiques fossiles exerce des effets néfastes sur l'environnement (consommation d'énergie primaire et émissions de CO_2), raison pour laquelle il convient de privilégier les combustibles neutres en matière de CO_2. › Chap. **Principes de conception, Couverture des besoins**

Chaudières

Dans le monde entier, l'alimentation des bâtiments en énergie calorifique est en majeure partie assurée par la combustion d'un agent

53

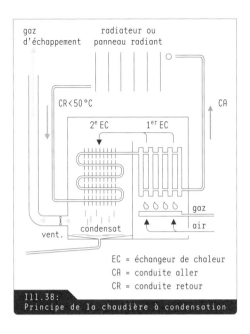

Ill.38:
Principe de la chaudière à condensation

gaz d'échappement

radiateur ou panneau radiant

CR<50°C

CA

2e EC   1er EC

gaz

air

vent.   condensat

EC = échangeur de chaleur
CA = conduite aller
CR = conduite retour

énergétique dans une chaudière centrale. La chaleur dégagée est ensuite transmise, via un échangeur de chaleur, à un fluide caloporteur (en général de l'eau), qui la distribue à l'intérieur du bâtiment (chauffage central).

Les chaudières les plus efficaces sont celles dites à condensation, qui tirent un surcroît de chaleur des gaz brûlés et atteignent ainsi un meilleur rendement. Les combustibles les plus utilisés sont ici le gaz et le mazout, mais certains systèmes fonctionnent aussi avec des pellets (bâtonnets de bois compacté). › Ill. 38 L'eau de chauffage devant, avec de telles chaudières, présenter une température de retour assez basse, le plus judicieux est de les combiner avec un chauffage par le sol, les murs ou le plafond.

›

\\ Astuce:
Compte tenu de leur faible température de fonctionnement, les chaudières à condensation peuvent aussi très bien se combiner avec une installation solaire thermique. Les gaz d'échappement présentant, eux aussi, une température assez basse, la cheminée d'évacuation d'une telle chaudière devra en général être dotée d'un conduit résistant à l'eau de condensation et, l'ascendance thermique étant trop faible, d'un ventilateur.

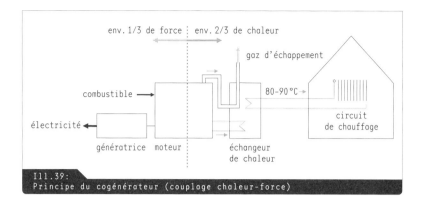

Ill.39:
Principe du cogénérateur (couplage chaleur-force)

Couplage
chaleur-force/
cogénérateurs

Une alternative à la production de chaleur par combustion d'agents énergétiques fossiles ou biologiques consiste à exploiter la chaleur dégagée au cours d'autres processus, notamment la production de courant électrique.

À l'instar de la chaleur, l'électricité résulte, dans la plupart des cas, de processus de combustion libérant des gaz brûlés. En transmettant cette chaleur à un système tout eau, par exemple, on obtient, à partir d'un même processus de combustion, deux formes d'énergie : du courant (force) et de la chaleur. On parle alors de « couplage chaleur-force » (CCF). Un tel procédé permet d'atteindre un haut degré d'efficacité, car il exploite la majeure partie de l'énergie contenue dans le combustible utilisé.

Le principe du CCF peut être mis en application aussi bien dans de grandes centrales que dans des groupes électrogènes de taille moyenne (p. ex. alimentation d'un lotissement) ou petite (p. ex. alimentation d'un seul bâtiment). Les cogénérateurs de petite ou moyenne dimension produisent en général de la chaleur sous forme d'eau chaude, à une température de 80 à 90 °C. › Ill. 39 Les combustibles utilisés sont surtout le gaz naturel et le mazout léger, mais aussi le biogaz et d'autres biocombustibles (p. ex. l'huile de colza).

À l'instar de la chaleur solaire, › ci-dessous : Énergie solaire celle produite par CCF peut être utilisée, moyennant le recours à des machines frigorifiques à sorption, à des fins de refroidissement. On parle alors de « couplage chaleur-force-froid » ou de trigénération.

Énergie ambiante

Il existe diverses possibilités d'exploiter le potentiel énergétique du milieu à des fins de chauffage ou de refroidissement. Outre la température de l'air extérieur ou de l'air rejeté, on pourra tirer parti de celles, assez constantes, régnant dans le sol à différentes profondeurs, ainsi que de

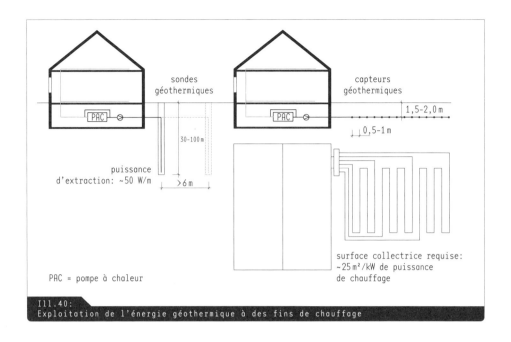

sondes géothermiques

capteurs géothermiques

1,5–2,0 m

0,5–1 m

30–100 m

puissance d'extraction: ~50 W/m

>6 m

surface collectrice requise: ~25 m²/kW de puissance de chauffage

PAC = pompe à chaleur

Ill.40:
Exploitation de l'énergie géothermique à des fins de chauffage

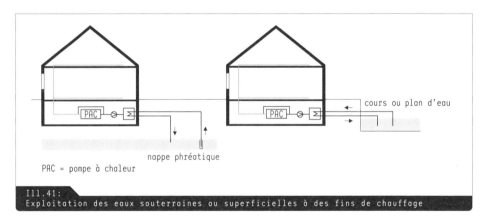

cours ou plan d'eau

nappe phréatique

PAC = pompe à chaleur

Ill.41:
Exploitation des eaux souterraines ou superficielles à des fins de chauffage

celles de la nappe phréatique et des cours ou plans d'eau situés à proximité du bâtiment. › Ill. 40 et 41

Si l'énergie tirée de ces diverses sources peut servir aussi bien à chauffer les locaux qu'à les refroidir, un apport d'énergie supplémentaire est en général nécessaire, dans le premier cas, pour porter les températures au niveau voulu.

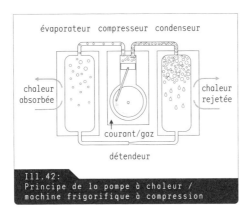

Ill.42:
Principe de la pompe à chaleur /
machine frigorifique à compression

évaporateur compresseur condenseur
chaleur absorbée
chaleur rejetée
courant/gaz
détendeur

Pompes à chaleur

On recourt pour ce faire à des pompes à chaleur, fonctionnant selon le même principe qu'un réfrigérateur. › Ill. 42 Pour pouvoir produire les températures requises et fonctionner de manière efficace, de telles installations requièrent, en plus de la source de chaleur ambiante exploitée, un apport supplémentaire en électricité ou en gaz.

En termes de consommation d'énergie primaire, le gaz se révèle plus avantageux que l'électricité. › Chap. Principes de conception, Couverture des besoins

Échangeurs géothermiques

La géothermie, c'est-à-dire l'exploitation de la chaleur terrestre, se fait la plupart du temps par le biais de capteurs ou de sondes géothermiques, combinés avec des pompes à chaleur. Mais il est aussi possible d'utiliser la chaleur terrestre pour préconditionner l'air extérieur en le faisant simplement passer, avant qu'il ne soit insufflé dans les locaux, par un échangeur sol-air qui le préchauffe en hiver et le refroidit en été, et permet ainsi d'économiser de l'énergie calorifique ou frigorifique. › Ill. 43

Réfrigération adiabatique

Outre les possibilités décrites ci-dessus d'utiliser les eaux souterraines et superficielles comme source naturelle d'énergie calorifique ou frigorifique, il est aussi envisageable d'utiliser directement l'eau pour

\\ Astuce:
Plus la température de la source de chaleur est élevée, c'est-à-dire moins la différence de température entre source de chaleur et circuit de chauffage est importante, plus la pompe à chaleur fonctionne efficacement. C'est donc lorsqu'on les combine avec un système de chauffage surfacique à basse température de fonctionnement (p. ex. chauffage par le sol) que les pompes à chaleur sont le plus judicieuses.

\\ Remarque:
Du fait de la résistance supplémentaire qui s'oppose à l'écoulement de l'air dans la tuyauterie d'un échangeur géothermique, il est en général nécessaire de recourir à une installation de ventilation mécanique.

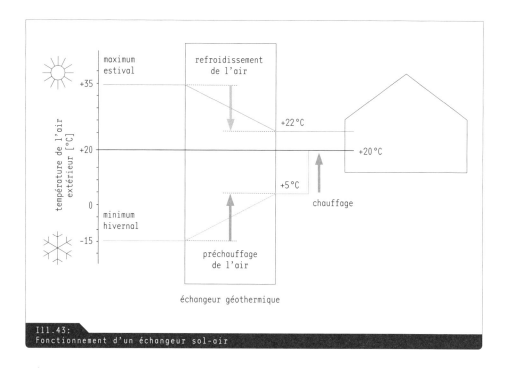

refroidir un bâtiment. À l'instar de la sueur sécrétée par la peau humaine, l'eau qui s'évapore puise de l'énergie thermique dans l'air qui, par conséquent, se refroidit. Dans un local, on peut obtenir le même effet, de façon directe ou indirecte, à travers un processus de refroidissement par évaporation, dit aussi adiabatique. Il existe deux manières d'assurer un refroidissement adiabatique direct : soit on fait passer l'air neuf au-dessus de plantes ou d'un plan d'eau, soit – surtout en présence d'une ventilation mécanique – on vaporise de l'eau en gouttelettes si fines qu'elles restent en suspens et refroidissent ainsi l'air neuf. L'inconvénient de ces procédés est qu'ils accroissent l'humidité de l'air. › Chap. Principes de conception, Exigences en matière de confort, Confort thermique Aussi l'option du refroidissement adiabatique direct se révèle-t-elle surtout judicieuse dans les climats chauds et secs.

Si l'on est en présence d'un système de ventilation mécanique, on pourra abaisser la température de l'air ambiant sans en augmenter l'humidité en combinant principe adiabatique et échangeur de chaleur. On parle alors de refroidissement adiabatique indirect : l'air vicié du local est refroidi par évaporation et rejeté vers l'extérieur via un échangeur thermique rotatif, capable, avec un haut degré d'efficacité, de transférer le froid à un flux d'air neuf circulant en sens opposé. › Ill. 44

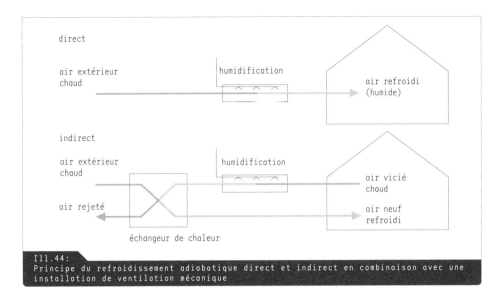

direct

air extérieur chaud

humidification

air refroidi (humide)

indirect

air extérieur chaud

humidification

air vicié chaud

air rejeté

air neuf refroidi

échangeur de chaleur

Ill.44:
Principe du refroidissement adiabatique direct et indirect en combinaison avec une installation de ventilation mécanique

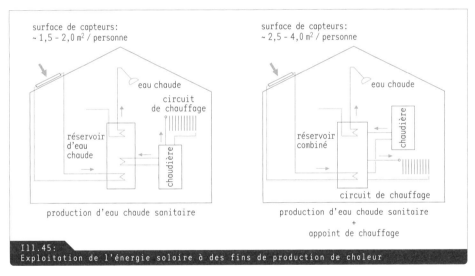

surface de capteurs:
~ 1,5 - 2,0 m² / personne

eau chaude

circuit de chauffage

réservoir d'eau chaude

chaudière

production d'eau chaude sanitaire

surface de capteurs:
~ 2,5 - 4,0 m² / personne

eau chaude

chaudière

réservoir combiné

circuit de chauffage

production d'eau chaude sanitaire
+
appoint de chauffage

Ill.45:
Exploitation de l'énergie solaire à des fins de production de chaleur

Énergie solaire

Les installations solaires transforment la lumière du soleil en chaleur, la plupart du temps à des fins de chauffage et de production d'eau chaude sanitaire.

Installations solaires thermiques

L'exploitation active de l'énergie solaire comme source de chaleur se fait au moyen de capteurs spéciaux, qui transforment le rayonnement solaire en chaleur et transportent celle-ci à destination à l'aide d'un fluide

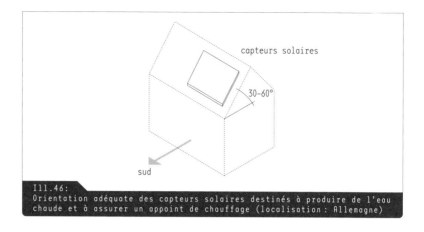

Ill.46:
Orientation adéquate des capteurs solaires destinés à produire de l'eau chaude et à assurer un appoint de chauffage (localisation : Allemagne)

caloporteur (eau contenant de l'antigel). Il existe deux grandes catégories de capteurs : les capteurs plats et ceux à tubes sous vide. Ces derniers sont plus sophistiqués et donc plus chers, mais aussi plus efficaces.

Si l'installation solaire n'est destinée qu'à produire de l'eau chaude, la chaleur est directement transmise au réservoir d'eau chaude sanitaire. Si la chaleur solaire ne suffit pas, le reste de l'énergie calorifique nécessaire est alors fourni par un générateur de chaleur traditionnel, que l'on devra, en général, de toute façon prévoir. Dans les bâtiments très bien isolés, l'installation solaire thermique pourra aussi assurer un appoint de chauffage. › Ill. 45

Les capteurs solaires sont la plupart du temps posés en toiture, l'orientation optimale dépendant de la trajectoire du soleil à l'endroit concerné, ainsi que des besoins saisonniers. › Ill. 46 De légers écarts par rapport à l'orientation et à l'inclinaison idéales des capteurs sont tolérables et n'influent que peu sur le rendement de l'installation.

› ◯
Machines
frigorifiques
à sorption

Le principe des machines frigorifiques à sorption, basé sur la compression et la détente d'un fluide, est similaire à celui des pompes à chaleur.

◯
\\ Important :
Il ne faut pas confondre capteurs solaires et cellules photovoltaïques ! Ces dernières sont, elles aussi, le plus souvent posées en toiture, mais elles servent à produire de l'électricité. Le courant généré peut être soit stocké dans des batteries et consommé par les propres occupants du bâtiment, soit - si c'est possible - injecté contre rémunération dans le réseau public d'électricité.

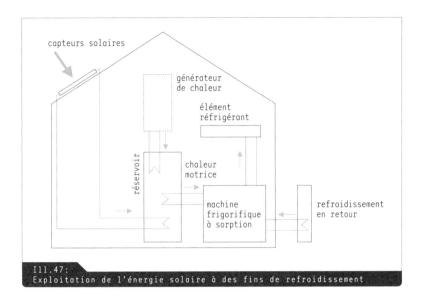

Ill.47:
Exploitation de l'énergie solaire à des fins de refroidissement

Ici, toutefois, l'énergie auxiliaire utilisée n'est pas l'électricité ou le gaz, mais une source de chaleur. En outre, le processus chimique de la sorption permet de produire du froid plutôt que de l'énergie calorifique.

Comme elles fonctionnent à la chaleur, les machines frigorifiques à sorption sont judicieuses lorsqu'on dispose gratuitement de chaleur à des températures de 80 à 160 °C, qu'il s'agisse de chaleur résiduelle (installations de production, cogénérateurs, etc.) ou environnementale (capteurs solaires, sources chaudes, etc.). Combiner un cogénérateur avec une machine frigorifique à sorption en vue d'un couplage chaleur-force-froid se révèle tout à fait bénéfique pour le rendement du cogénérateur, car les besoins en énergie calorifique et frigorifique sont alors couverts par un seul et même système fonctionnant toute l'année.

Chauffage à distance

La chaleur à distance peut être produite soit dans des centrales de chauffage ou de cogénération, soit dans des cogénérateurs décentralisés. Dans ce dernier cas, il s'agit toutefois de chauffage à courte distance. La chaleur à distance peut être utilisée dans des bâtiments très éloignés du lieu où elle est produite, moyennant son acheminement via un système de conduites et sa transmission via des stations ad hoc. Lorsque la chaleur est générée selon le principe du couplage chaleur-force, il est possible d'assurer, à l'aide d'un système d'une maintenance facile, une alimentation en chaleur respectueuse de l'environnement. › Chap. **Principes de conception, Couverture des besoins, Impacts sur l'environnement**

Opter pour le chauffage à distance permet de se passer, à l'intérieur du bâtiment, d'un générateur de chaleur, d'une chaufferie, d'un système d'évacuation des gaz brûlés et d'un local destiné au stockage du combustible. La chaleur est en général acheminée jusqu'au bâtiment, via des conduites calorifugées, sous forme d'eau ou de vapeur d'eau très chaude, pour être ensuite transmise au système de chauffage ou d'eau chaude du bâtiment par une station de transfert (échangeur de chaleur).

Dans certains cas, il est possible de récupérer la chaleur excédentaire issue de processus industriels consommant beaucoup d'énergie (industrie minière, chimique, etc.) et d'en alimenter les bâtiments via un réseau de chaleur à distance. Comme cette chaleur résiduelle se dissiperait sans cela dans la nature, l'efficacité énergétique des processus industriels concernés s'en trouve améliorée.

Courant électrique

En principe, on peut aussi produire de la chaleur et du froid en utilisant du courant électrique. Comme la production d'électricité nécessite cependant déjà de la chaleur et que toute transformation d'énergie (p. ex. du charbon en chaleur, de la chaleur en électricité et de l'électricité en chaleur) entraîne des pertes, on devrait si possible l'éviter, surtout si le courant provient d'agents énergétiques fossiles. C'est ce qui ressort clairement des facteurs d'énergie primaire déterminés pour le courant électrique dans les différentes régions.

> Chap. Principes de conception, Couverture des besoins, Impacts sur l'environnement

De ce fait, on ne devrait recourir à un chauffage électrique qu'à titre exceptionnel, par exemple dans les salles de bains des bâtiments anciens, dont les besoins annuels en chaleur sont faibles et qu'il ne serait pas possible ou judicieux, pour des raisons techniques ou économiques, de raccorder à un chauffage central. Il en va de même de la production d'eau chaude dans des chauffe-eau électriques, qu'ils soient instantanés ou à accumulation.

Dans le cas des pompes à chaleur, l'agent énergétique auxiliaire utilisé pour assurer la production de chaleur est souvent l'électricité. Si l'on veut cependant réduire les coûts et éviter que l'ensemble du système ne présente un mauvais bilan d'énergie primaire, il convient de limiter la consommation de courant au strict minimum.

Les générateurs de froid les plus répandus sont les machines frigorifiques à compression. Fonctionnant selon le même principe qu'un réfrigérateur, elles utilisent de l'électricité pour produire du froid, que répartit ensuite un système de distribution. Il est ainsi possible d'atteindre pratiquement n'importe quel niveau de température, moyennant bien sûr l'apport énergétique nécessaire.

Si l'on a, dans un même bâtiment, besoin à la fois de chaleur et de froid (p. ex. pour produire de l'eau chaude et refroidir les locaux), une solution judicieuse consiste à exploiter la chaleur que dégage la machine frigorifique. Si l'on y renonce et que cette chaleur résiduelle est rejetée dans la nature, comme c'est souvent le cas, le rendement énergétique de tels appareils est assez faible, surtout si l'on tient compte de l'énergie (en général électrique) consommée par le compresseur.

Les machines frigorifiques à compression étant tributaires du courant électrique et présentant, de ce fait, un mauvais bilan énergétique, il convient, tant que faire se peut, d'éviter d'y recourir.

STOCKAGE DE LA CHALEUR ET DU FROID

Le stockage de la chaleur et du froid permet de dissocier, dans le temps, la consommation de l'énergie par les usagers de sa production. Cela se révèle en particulier nécessaire lorsqu'on utilise de l'énergie solaire à des fins de chauffage, car l'intensité du rayonnement solaire varie en fonction des conditions météorologiques, et c'est souvent au moment où il est le plus fort qu'on a le moins besoin d'énergie, et inversement. › III. 48 La chaleur solaire peut être emmagasinée par la masse thermique du bâtiment lui-même, › Chap. Principes de conception, Couverture des besoins, Mesures passives mais les usagers n'ont alors aucune possibilité de réguler la température des locaux. Aussi les installations destinées à la production d'eau chaude et au chauffage d'appoint sont-elles en général dotées d'un réservoir d'eau chaude capable de retenir la chaleur pendant quelques jours, mais qui a l'inconvénient de prendre de la place.

Pour stocker plus longtemps la chaleur solaire, on recourt à des réservoirs saisonniers. Ce sont en général des réservoirs d'eau que l'on peut installer aussi bien à l'intérieur qu'à l'extérieur des bâtiments, et qui permettent d'emmagasiner de la chaleur en été pour l'utiliser en hiver.

Il est aussi possible, par exemple à l'aide d'accumulateurs de glace, de stocker du froid et d'optimiser ainsi l'ensemble du système de régulation thermique. D'importants apports solaires nécessitent souvent de refroidir les locaux, surtout lorsqu'on a pris toutes les mesures nécessaires pour exploiter au mieux cette énergie solaire. › III. 48

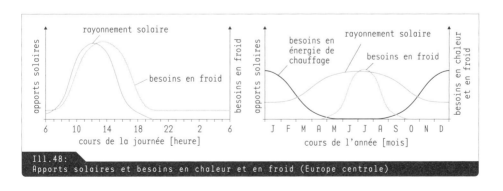

Ill.48:
Apports solaires et besoins en chaleur et en froid (Europe centrale)

DISTRIBUTION DE LA CHALEUR ET DU FROID
Systèmes centralisés

Le système de distribution représente le maillon entre l'installation de production de l'énergie calorifique ou frigorifique et le système destiné à la transmettre aux locaux. La plupart du temps, la chaleur ou le froid sont générés dans une centrale et transportés par un fluide – air ou eau – jusqu'aux appareils de diffusion. Du point de vue de leur contenu énergétique et de l'énergie nécessaire au transport du fluide, les systèmes tout eau sont en principe plus judicieux que les systèmes tout air. › Chap. Principes de conception, Couverture des besoins Les systèmes de chauffage central à eau chaude sont de loin les plus répandus. Il se peut toutefois que des facteurs économiques ou de conception plaident, même pour le chauffage, en faveur d'un système tout air.

De manière générale, il convient, pour limiter les pertes d'énergie, de minimiser les linéaires de conduites et d'isoler ces dernières. Le calorifuge sert aussi à éviter la formation d'eau de condensation lorsque les conduites transportent un fluide froid.

Systèmes décentralisés

Les installations de chauffage décentralisées – poêles, radiateurs électriques ou à gaz, etc. – produisent de l'énergie calorifique dans les locaux mêmes. Elles représentent une forme de chauffage particulière et ne seront pas traitées plus en détail dans le cadre de ce livre.

Les systèmes décentralisés de ventilation mécanique aspirent l'air extérieur à même la façade et permettent ainsi de se passer d'une centrale de ventilation et d'un réseau de gaines. Si la multiplicité de petits appareils qu'impliquent de tels systèmes en rend la maintenance plus lourde, il existe aujourd'hui des appareils modulaires faciles d'entretien, qui remédient en partie à cet inconvénient. Ceux-ci peuvent en général réchauffer l'air comme le refroidir. › Chap. Systèmes de régulation thermique, Diffusion de la chaleur et du froid

\\ Exemple:
Dans les bâtiments à haut niveau d'isolation thermique, comme les maisons passives, il est possible de renoncer à un système de chauffage traditionnel (c.-à-d. composé d'une chaudière, d'un système de distribution et de corps de chauffe). Dans un tel cas, l'apport nécessaire en énergie de chauffage peut être assuré – en même temps que le renouvellement d'air voulu – par l'installation de ventilation, malgré les inconvénients physiques que présente l'air en tant que fluide caloporteur.

Réglage

En plus de pompes, de garnitures et de conduites calorifugées, un système de distribution de chaleur et de froid doit être doté d'un dispositif de réglage qui permette d'adapter en permanence la puissance calorifique ou frigorifique à des besoins variant en fonction des conditions météorologiques (température extérieure, vent, rayonnement solaire), des sources de chaleur internes et de l'utilisation des locaux. Il faut que la puissance déployée puisse se régler automatiquement, en fonction de l'heure et des températures intérieure et extérieure. À cet effet, on recourt surtout, dans la construction de logements, à des radiateurs à robinets thermostatiques, à des thermostats d'ambiance reliés à des sondes extérieures, ainsi qu'à des dispositifs automatiques d'abaissement nocturne de la température en fonction de l'heure et de la température ambiante. Dans les grands complexes, il est souvent judicieux de prévoir un système de gestion technique du bâtiment (GTB), réglant automatiquement le chauffage ou le refroidissement des différents locaux grâce à des capteurs et à un ordinateur central.

DIFFUSION DE LA CHALEUR ET DU FROID

L'énergie calorifique ou frigorifique transportée par l'eau ou l'air depuis le générateur jusqu'aux locaux à tempérer doit être transmise à l'air ambiant par un système approprié.

Les divers systèmes envisageables se distinguent par leur mode de diffusion de la chaleur ou du froid (c'est-à-dire par la part d'énergie qu'ils transmettent par rayonnement et par convection), par la température de départ (T_d) qu'ils requièrent, par leur puissance spécifique et par les possibilités de réglage qu'ils offrent. › Chap. Principes de conception, Couverture des besoins

Systèmes de diffusion de la chaleur

La chaleur peut être transmise aux locaux par des corps de chauffe, un chauffage surfacique ou une installation de ventilation (chauffage à air pulsé). La configuration et la disposition des éléments chauffants déterminant le profil de température d'un local, elles influent dans une large mesure sur le confort ambiant. Pour se rapprocher le plus possible du profil de température idéal, la chaleur devrait être diffusée de façon constante et régulière dans les directions tant verticale qu'horizontale. › Tab. 10 et Ill. 49

Corps de chauffe   Dans les systèmes de chauffage à eau chaude, la chaleur est la plupart du temps diffusée par des corps de chauffe tels que radiateurs, convecteurs ou panneaux radiants. Faciles à régler, ceux-ci peuvent être installés pratiquement partout. On les pose de préférence contre les murs de façade et à proximité immédiate des vitrages, de manière à remédier à d'éventuels courants d'air. › Ill. 50 La température de départ assez élevée que requièrent

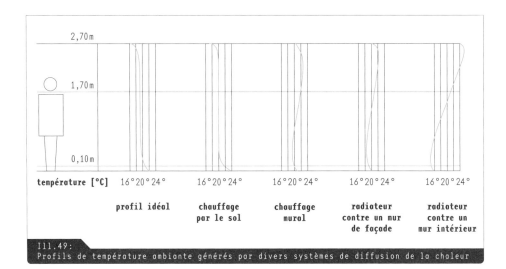

température [°C] 16° 20° 24°   16° 20° 24°   16° 20° 24°   16° 20° 24°   16° 20° 24°

profil idéal   chauffage   chauffage   radiateur   radiateur
                 par le sol   mural   contre un mur   contre un
                                                   de façade   mur intérieur

Ill.49:
Profils de température ambiante générés par divers systèmes de diffusion de la chaleur

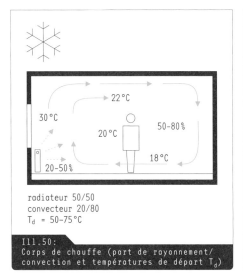

radiateur 50/50
convecteur 20/80
T_d = 50–75°C

Ill.50:
Corps de chauffe (part de rayonnement/
convection et températures de départ T_d)

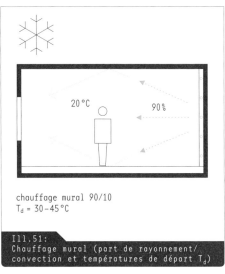

chauffage mural 90/10
T_d = 30–45°C

Ill.51:
Chauffage mural (part de rayonnement/
convection et températures de départ T_d)

en particulier les convecteurs est un inconvénient, car elle rend plus problématique une combinaison avec une installation solaire thermique, une pompe à chaleur ou une chaudière à condensation.

Chauffage surfacique

Les systèmes de chauffage surfacique (chauffage par le sol, les murs ou le plafond), dont les tubes sont soit noyés dans la chape ou l'enduit des éléments de construction, soit revêtus par un carrelage adéquat, diffusent en majeure partie la chaleur par rayonnement, et génèrent un profil

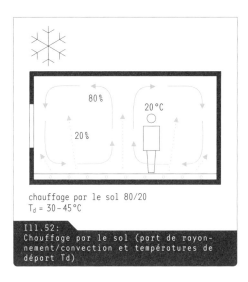

chauffage par le sol 80/20
$T_d = 30-45\,°C$

Ill.52:
Chauffage par le sol (part de rayon-
nement/convection et températures de
départ Td)

de température plus agréable. › Ill. 49 La surface chauffante disponible étant ici assez vaste, les températures de départ nécessaires sont bien moindres que dans le cas des corps de chauffe.

Les systèmes de chauffage surfacique sont particulièrement appropriés dans les bâtiments requérant peu d'énergie calorifique, et se révèlent d'autant plus intéressants qu'on les combine avec des systèmes à basse température tels que chaudières à condensation, pompes à chaleur ou installations solaires thermiques. › Ill. 51 et 52

› 🗍

Chauffage à air pulsé

En principe, il est aussi possible de couvrir les besoins d'un bâtiment en énergie calorifique au moyen d'une installation de ventilation. À cet effet, l'air peut être chauffé, de façon centralisée ou individualisée, par des registres fonctionnant la plupart du temps à l'électricité. Cela n'est toutefois judicieux que si une installation de ventilation se révèle de toute façon nécessaire et si les besoins globaux en énergie calorifique sont faibles (p. ex. du fait d'une excellente isolation thermique ou d'importants apports thermiques internes). Le tableau 10 (voir page suivante) fournit un aperçu des principaux systèmes de diffusion de la chaleur.

🗍

\\ Remarque:
Les panneaux rayonnants pour plafond, surtout
utilisés pour chauffer de grandes halles,
requièrent des températures de départ élevées
et représentent, de ce fait, un cas particulier
parmi les systèmes de chauffage surfacique.

Tab.10:
Caractéristiques des systèmes de diffusion de la chaleur

Système	Avantages	Inconvénients	Part de rayonnement/ convection	T$_d$ [C°]
Radiateurs	Prix avantageux ; réchauffement rapide ; réglage aisé	Encombrement important ; système visible	50/50	50–75 (90)
Convecteurs	Faible encombrement ; réchauffement rapide ; réglage aisé	Nettoyage ; poussière	20/80	50–75 (90)
Chauffage par le sol	Bon profil de température ; système invisible	Retombées d'air froid ; troubles veineux possibles en raison des températures assez élevées à proximité du sol ; inertie de réglage ; système non adapté à tous les revêtements de sol	80/20	30–45
Chauffage par les murs et les plafonds	Bon profil de température ; système invisible ; possibilité de chauffage et de refroidissement	Inertie de réglage ; ameublement impossible devant les murs chauffants ; nécessité de prévoir une distance suffisante entre les plafonds chauffants et les occupants	90/10	30–45
Chauffage à air pulsé	Combinaison entre chauffage et ventilation ; réglage rapide	Courants d'air possibles ; carbonisation de la poussière au-delà de 49 °C	0/100	30–49 (70)

Systèmes de diffusion du froid

Parmi les systèmes de diffusion d'énergie frigorifique, on fait la distinction, comme dans le cas de l'énergie de chauffage, entre ceux qui fonctionnent par convection et ceux qui fonctionnent par rayonnement. Leurs avantages et inconvénients respectifs sont liés à leurs effets sur la température opérative des locaux, tels que décrits dans la section consacrée aux exigences en matière de confort. Il convient à cet égard de tenir compte des risques de rayonnement asymétrique décrits dans cette même section. En outre, l'inertie de réglage et les températures de départ nécessaires représentent, ici encore, des critères déterminants pour le choix d'un système. › Tab. 11

Dans le cas des systèmes de réfrigération comme dans celui des systèmes de chauffage, les dispositifs de diffusion intégrés aux éléments de construction (sols, murs, plafonds) présentent une certaine inertie de

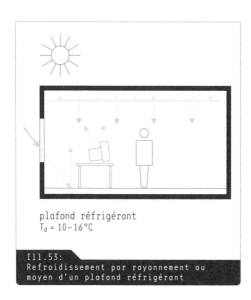

plafond réfrigérant
$T_d = 10 - 16\,°C$

Ill.53:
Refroidissement par rayonnement au
moyen d'un plafond réfrigérant

réglage, tandis que ceux qui en sont détachés et fonctionnent à l'air peuvent réagir plus rapidement aux changements d'ambiance. Les éléments de grande superficie requièrent en principe des températures de départ plus douces (c'est-à-dire, dans le cas d'un système de refroidissement : moins basses) que les systèmes de diffusion composés de plusieurs éléments de petites dimensions, et sont donc plus faciles à combiner avec des sources d'énergie renouvelables.

Une particularité des systèmes de réfrigération réside dans le risque que le point de rosée soit franchi : selon la température et l'humidité de l'air ambiant et la température superficielle des éléments réfrigérants, il se peut que l'humidité contenue dans l'air condense au contact des surfaces froides. L'eau de condensation qui se forme alors doit être récoltée et, dans l'idéal, évacuée. Si ce n'est pas possible, la seule solution consiste à éviter la formation de condensat en augmentant, par intermittence, la température superficielle de l'élément réfrigérant, ce qui signifie en réduire la puissance.

Plafonds
réfrigérants

Les plafonds réfrigérants sont des systèmes très répandus dans les immeubles administratifs et de bureaux. Suspendus aux dalles, ils peuvent s'étendre sur une surface variable. › ill. 53

Sur les faux plafonds sont posés des serpentins dans lesquels s'écoule un fluide froid. La diffusion de l'énergie frigorifique, qui s'effectue pour moitié environ par rayonnement, est facile à régler. Les températures de départ requises sont comprises entre 10 et 16 °C environ. Comme il est ici presque impossible d'évacuer l'eau de condensation, on devra éviter que

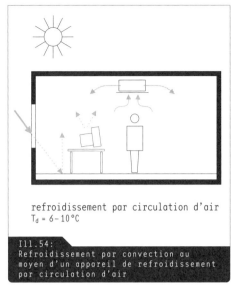

refroidissement par circulation d'air
T_d = 6–10 °C

Ill.54:
Refroidissement par convection au
moyen d'un appareil de refroidissement
par circulation d'air

refroidissement par gravitation
T_d = 6–10 °C

Ill.55:
Principe du refroidissement par gravitation

l'air ne soit trop humide, ou alors augmenter par intermittence la température de départ du système. Par temps chaud et humide, cela peut impliquer, surtout si l'on aère les locaux naturellement, que l'on doive renoncer à bénéficier de la pleine puissance du système.

Refroidissement
par circulation
d'air

Une autre solution très répandue consiste à aspirer l'air ambiant à l'aide d'un ventilateur et à le réinsuffler dans le local après l'avoir refroidi (circulation d'air). Ces systèmes, en général décentralisés, peuvent être réglés très rapidement et, le cas échéant, séparément dans chaque local. Le réglage peut aussi être confié aux usagers. L'air est refroidi par un registre placé juste avant la sortie d'air d'un refroidisseur suspendu au plafond. De tels systèmes fonctionnent seulement par convection. Les températures de départ requises se situent en général aux alentours de 6 à 10 °C. › ill. 54

Refroidissement
par gravitation

Les appareils de refroidissement par circulation d'air peuvent aussi fonctionner sans ventilateur, en tirant parti du fait que l'air froid est plus lourd que l'air chaud. Dans de tels systèmes, l'air ambiant est refroidi par un convecteur installé à proximité du plafond (là où l'air est le plus chaud), avant de redescendre dans une gaine accélérant la convection, d'en sortir au point bas et de se répandre comme un «lac» au niveau du sol. › ill. 55

Les systèmes de refroidissement par gravitation ont l'avantage d'être tout à fait silencieux. La puissance de refroidissement, qui varie en fonction de la différence de température entre air ambiant et surface du refroidisseur, s'autorégule dans une certaine mesure. Le système peut sans

Système	Avantages	Inconvénients	Part de rayonnement/ convection	T_d [C°]
Plafonds réfrigérants	Températures de départ modérées ; réglage rapide ; fonctionnement par rayonnement ; bonnes possibilités de réglage local par local	Évacuation de l'eau de condensation pratiquement impossible	50/50	10-16
Refroidissement par circulation d'air	Réglage rapide ; bonnes possibilités de réglage local par local	Fonctionnement par convection seulement ; difficulté d'évacuer l'eau de condensation ; bruits de ventilateur possibles	0/100	6-10
Refroidissement par gravitation	Réglage rapide ; bonnes possibilités de réglage local par local ; fonctionnement silencieux ; installation discrète	Fonctionnement par convection seulement ; difficulté d'évacuer l'eau de condensation	0/100	6-10

problème être installé derrière une cloison de doublage ou une armoire murale, pour autant que celles-ci soient dotées, en partie haute et basse, des entrées et sorties d'air requises. Comme dans les systèmes précédemment décrits, il s'agit de tenir compte de la condensation. Le tableau 11 fournit un aperçu des principaux systèmes de diffusion du froid.

Systèmes hybrides

Certains systèmes sont capables de diffuser aussi bien de la chaleur que du froid. › Tab. 12

Installations de climatisation   En font partie les installations de climatisation qui, grâce à un système centralisé, assurent à la fois la ventilation et la régulation thermique des locaux. › Ill. 56 L'avantage d'une telle installation est qu'elle permet aussi d'humidifier ou de déshydrater l'air et, partant, d'obtenir pratiquement n'importe quelle qualité d'air ambiant. › Chap. Systèmes de ventilation, Ventilation mécanique

L'inconvénient inhérent à ces systèmes est que l'air, du fait de sa faible inertie thermique, est un fluide caloporteur peu approprié. › Chap. Principes de conception, Couverture des besoins Si, pour répondre aux besoins en énergie calorifique ou frigorifique, il se révèle nécessaire d'augmenter le débit volumique d'air, cela entraîne une consommation d'énergie accrue – problème qui ne se poserait pas avec un système tout eau. De plus, il est rare que les installations de climatisation puissent être réglées par les usagers et de façon indépendante pour chaque local. Cela peut être

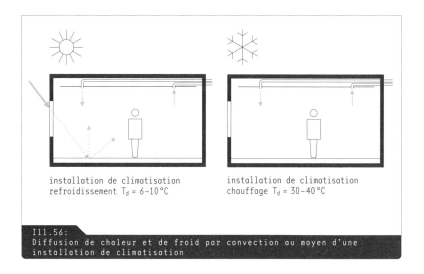

installation de climatisation
refroidissement T_d = 6–10 °C

installation de climatisation
chauffage T_d = 30–40 °C

Ill.56:
Diffusion de chaleur et de froid par convection au moyen d'une
installation de climatisation

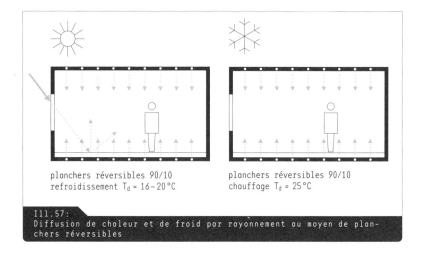

planchers réversibles 90/10
refroidissement T_d = 16–20 °C

planchers réversibles 90/10
chauffage T_d = 25 °C

Ill.57:
Diffusion de chaleur et de froid par rayonnement au moyen de planchers réversibles

source de plaintes et de mécontentement, de même que la forte influence qu'exercent la température, la vitesse et le degré de turbulence de l'air sur le confort thermique.

Planchers
réversibles

Les systèmes fonctionnant par rayonnement permettent en général d'obtenir un confort accru. › Chap. Principes de conception, Exigences en matière de confort C'est par exemple le cas des planchers chauffants-rafraîchissants, dits aussi réversibles, où les tubes contenant le fluide caloporteur ou frigorigène sont noyés, en serpentin, dans une dalle en béton. › Ill. 57

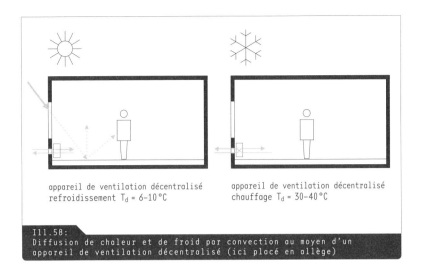

appareil de ventilation décentralisé
refroidissement T_d = 6–10 °C

appareil de ventilation décentralisé
chauffage T_d = 30–40 °C

Ill.58:
Diffusion de chaleur et de froid par convection au moyen d'un
appareil de ventilation décentralisé (ici placé en allège)

Du fait de l'inertie thermique du béton, de tels systèmes sont très difficiles à régler, raison pour laquelle on y recourt surtout lorsque les besoins en chaleur ou en froid sont constants, ou bien pour assurer un chauffage ou un refroidissement de base. › Chap. Principes de conception, Couverture des besoins

La puissance dégagée dépendant toutefois dans une large mesure de la différence de température entre surface de la dalle et air ambiant, il se produit, ici aussi, une certaine autorégulation.

Les températures de départ requises étant modérées (elles sont de l'ordre de 25 °C en cas de chauffage, de 16-20 °C en cas de refroidissement), ces systèmes se prêtent à l'utilisation de sources d'énergie renouvelables.

Si la condensation pose ici, sur le principe, les mêmes problèmes que dans le cas des plafonds réfrigérants, le fait que les températures de départ nécessaires soient moins basses permet de tolérer un air plus humide.

L'association entre fluide frigorigène et masse thermique du béton permet une restitution efficace de l'énergie accumulée dans les planchers. Ainsi est-il possible, comme dans le cas d'une ventilation nocturne, › Chap. Principes de conception, Couverture des besoins de réduire les besoins diurnes en puissance frigorifique et d'obtenir ainsi un profil de charge plus régulier. › Ill. 14, page 28

Pour qu'un plancher réversible fonctionne bien, il faut que les surfaces de béton puissent céder la chaleur ou le froid sans entrave à l'air ambiant. Les faux plafonds sont donc à proscrire. Une isolation contre les bruits d'impact réduira elle aussi l'efficacité du système, car elle limitera les transferts de froid via la face supérieure des planchers.

Tab.12:
Caractéristiques des systèmes hybrides de diffusion de la chaleur et du froid

Système	Avantages	Inconvénients	Part de rayonnement/ convection	T_d [C°]	
Installations de climatisation	Réglage rapide ; évacuation aisée de l'eau de condensation	Fonctionnement par convection seulement ; réglage local par local difficile	0/100	30-40	6-10
Planchers réversibles	Températures de départ modérées ; fonctionnement par rayonnement ; autorégulation partielle	Puissance limitée ; évacuation de l'eau de condensation pratiquement impossible	90/10	25	16-20
Appareils de ventilation décentralisés	Réglage rapide ; bonnes possibilités de réglage local par local	Difficulté d'évacuer l'eau de condensation ; maintenance assez lourde	0/100	30-40	6-10

Appareils
de ventilation
décentralisés

Les appareils de ventilation décentralisés sont installés contre les murs de façade (p. ex. en allège) ou à proximité de ces derniers (p. ex. sous un faux plancher) et bénéficient d'une alimentation directe en air extérieur. › III. 58

S'ils sont très faciles à régler, ces appareils ne peuvent – comme les installations de climatisation – couvrir d'importants besoins en énergie frigorifique qu'au prix d'une augmentation du débit volumique d'air et, partant, de la consommation électrique du ventilateur, si bien qu'il n'est pas toujours judicieux d'y recourir comme seul et unique système de régulation thermique. Si l'on opte malgré tout pour cette option, il s'agit alors de prévoir un dispositif d'évacuation de l'eau de condensation.

Du fait de leur parfaite complémentarité, il est tout à fait judicieux de combiner systèmes de ventilation décentralisés et planchers réversibles.

À l'instar des installations de climatisation, les systèmes décentralisés requièrent en général des températures de départ de 6-10 °C en période de refroidissement et de 30-40 °C en période de chauffage. Le tableau 12 fournit un aperçu des principaux systèmes hybrides de diffusion de la chaleur et du froid. › Annexes, pages 84 et 85

Tab.13 :
Critères de choix d'un système de régulation thermique

Critères techniques	Performance (couverture des besoins)
	Compatibilité des températures de fonctionnement
	des composants du système
	Possibilité d'utiliser des énergies renouvelables
	Disponibilité de l'agent énergétique requis
	Possibilité de récupérer la chaleur
	Inertie de réglage
Impacts sur l'environnement	Besoins en énergie primaire
	Émissions de CO_2
Acceptabilité de la part des usagers	Exigences en matière de confort
	Possibilités de réglage par les usagers
Économie	Frais d'installation
	Frais d'exploitation

RECHERCHE D'UN SYSTÈME ADÉQUAT

Il est souvent difficile, pour l'architecte, de choisir un système de régulation thermique adapté aux besoins. En effet, un agent énergétique donné requerra un générateur de chaleur ou de froid approprié, et tout générateur se sera pas compatible avec n'importe quel système de diffusion. Du fait de ces interdépendances entre les divers composants d'un système et de la multiplicité des combinaisons envisageables, il se révèle souvent indispensable de collaborer avec un ingénieur spécialisé.

En outre, le choix devra aussi se baser sur d'autres critères que ceux purement techniques, notamment sur ceux de l'efficacité énergétique du système, de son acceptabilité de la part des usagers et de son économie – autant d'aspects que l'architecte devra examiner avec soin lors de la conception.

Le tableau 13 donne un aperçu des principaux critères à prendre en compte lors du choix d'un système de régulation thermique adéquat.

COMBINAISON ENTRE VENTILATION ET RÉGULATION THERMIQUE

ÉVENTAIL DES POSSIBILITÉS

Pour parvenir à un concept de climatisation global qui soit à même de garantir la température ambiante voulue tout en assurant la bonne ventilation des locaux, il s'agit de combiner de façon judicieuse les systèmes de ventilation et de régulation thermique présentés dans les chapitres précédents.

Low-tech et high-tech En fonction des exigences à remplir, on devra choisir entre une multitude de solutions possibles, allant de la plus rudimentaire, consistant à combiner ventilation par les fenêtres et radiateurs (variante low-tech), à la plus sophistiquée, consistant en un système de climatisation intégrale (variante high-tech). › Ill. 59

Même s'il s'agit là des deux extrêmes entre lesquels se déploie tout un éventail de solutions envisageables, il se peut que l'une ou l'autre de ces deux variantes soit la mieux adaptée aux problèmes, aux besoins et aux critères identifiés.

Les composants d'un système de climatisation pouvant être combinés de multiples façons, il n'est pas possible d'en donner un aperçu exhaustif, ni de proposer de «recettes» prêtes à l'emploi. C'est bien plutôt à l'architecte et au spécialiste qu'il incombe d'évaluer les solutions possibles à l'aune des critères retenus dans le cadre de chaque projet, afin de parvenir à un concept adéquat.

CRITÈRES DE CHOIX

Pour évaluer la combinaison entre un système de ventilation et un système de chauffage ou de réfrigération déterminés, on pourra se baser sur des critères techniques (possibilité d'utiliser des énergies renouvelables, de récupérer la chaleur, etc.) et sur des critères d'acceptabilité de la part des usagers (confort, possibilités de réglage, etc.).

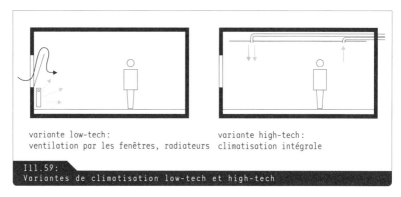

variante low-tech:
ventilation par les fenêtres, radiateurs

variante high-tech:
climatisation intégrale

Ill.59:
Variantes de climatisation low-tech et high-tech

CONCLUSION

La plupart des bâtiments requièrent un concept de climatisation spécifique. À la différence d'autres secteurs économiques, il s'agit, dans le domaine de la construction, de vérifier que chaque produit réponde bien aux exigences à remplir et d'élaborer des solutions sur mesure. Aussi la recherche d'un concept adéquat implique-t-elle la plupart du temps de comparer des alternatives. Même en présence d'une solution en soi satisfaisante, on aurait tort de renoncer à examiner d'autres possibilités et à en évaluer les avantages et inconvénients.

Avec l'expérience, architectes et spécialistes pourront identifier plus rapidement les atouts et les faiblesses d'un système donné, et sauront dans quels cas y recourir. Personne ne saurait toutefois maîtriser la complexité de la problématique sans analyse approfondie.

C'est d'ailleurs dans cette perspective qu'il faut considérer ce livre: les explications qu'il fournit concernant les divers composants des systèmes de climatisation et les exemples de combinaisons qu'il donne sont importants pour pouvoir, plus tard, développer une solution détaillée à l'aide de calculs et de dessins techniques. Ce n'est toutefois que si l'on comprend comment les choses s'articulent et si l'on sait adapter les possibilités techniques aux divers paramètres d'un projet que l'on parviendra à une solution optimale.

EXEMPLES DE SOLUTIONS

Ventilation par les fenêtres, radiateurs

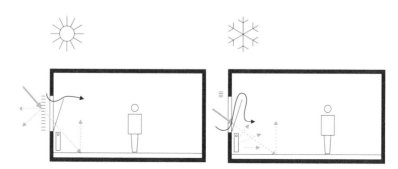

Ventilation par les fenêtres avec radiateurs + dispositif pare-soleil

Convient pour	Avantages	Inconvénients
_ Logements	_ Transport efficace de	_ Air neuf non conditionné
_ Bureaux	l'énergie par l'eau	_ Impossibilité de définir le
	_ Bonnes possibilités de réglage	taux de renouvellement d'air
	par les usagers et local par	_ Impossibilité de récupérer
	local	la chaleur
	_ Dissociation entre ventilation	_ Impossibilité de refroidir,
	et régulation thermique	humidifier ou déshydrater
		l'air
		_ Sensation d'inconfort,
		importantes déperditions
		thermiques en hiver
		_ Possibilité pour le bruit et
		la poussière d'entrer dans
		les locaux

Ventilation par les fenêtres, chauffage par le sol

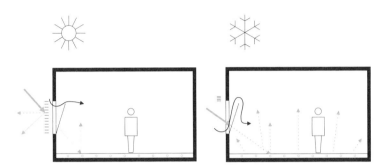

Ventilation par les fenêtres avec chauffage par le sol + dispositif pare-soleil

Convient pour	Avantages	Inconvénients
_ Logements	_ Transport efficace de l'énergie par l'eau	_ Air neuf non conditionné
_ Bureaux	_ Possibilité d'utiliser des énergies renouvelables	_ Impossibilité de définir le taux de renouvellement d'air
	_ Bonnes possibilités de réglage par les usagers et local par local	_ Impossibilité de récupérer la chaleur
	_ Mode agréable de diffusion de la chaleur	_ Impossibilité de refroidir, humidifier ou déshydrater l'air
	_ Dissociation entre ventilation et régulation thermique	_ Importantes déperditions thermiques en hiver
		_ Possibilité pour le bruit et la poussière d'entrer dans les locaux
		_ Grande inertie de réglage

Chauffage à air pulsé

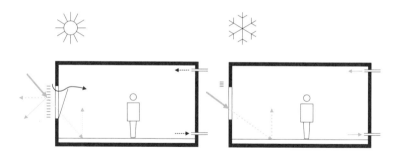

Chauffage à air pulsé avec ventilation optionnelle par les fenêtres en été + dispositif pare-soleil

Convient pour	Avantages	Inconvénients
_ Logements	_ Pas de corps de chauffe	_ Transport inefficace de
	_ Possibilité de définir le	l'énergie par l'air
	taux de renouvellement d'air	_ Solution efficace seulement
	_ Possibilité de récupérer la	en cas de faibles besoins en
	chaleur	chaleur
	_ Possibilité d'empêcher le	_ Chaleur transmise seulement
	bruit et la poussière d'en-	par convection
	trer dans les locaux	_ Réglage par les usagers et
		local par local difficilement
		possible
		_ Couplage entre ventilation et
		régulation thermique

Ventilation par les fenêtres, convecteurs, plafonds réfrigérants

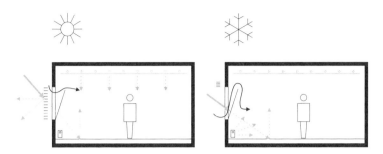

Ventilation par les fenêtres, convecteurs, plafonds réfrigérants + dispositif
pare-soleil

Convient pour	Avantages	Inconvénients

_ Bureaux
_ Salles de
  réunion
	_ Confort élevé en été
	_ Transport efficace de
	  l'énergie par l'eau
	_ Possibilité de réglage par
	  les usagers et local par
	  local
	_ Dissociation entre ventila-
	  tion et régulation thermique
		_ Air neuf non conditionné
		_ Impossibilité de définir le
		  taux de renouvellement d'air
		_ Impossibilité de récupérer la
		  chaleur
		_ Impossibilité d'humidifier ou
		  de déshydrater l'air
		_ Pratiquement pas de possi-
		  bilités d'évacuer l'eau de
		  condensation
		_ Sensation d'inconfort, impor-
		  tantes déperditions thermiques
		  en hiver
		_ Possibilité pour le bruit et
		  la poussière d'entrer dans les
		  locaux

Ventilation par les fenêtres, convecteurs, appareils de refroidissement par circulation d'air

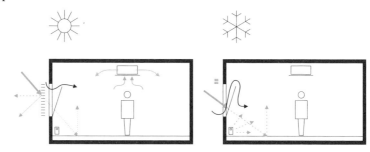

Ventilation par les fenêtres, convecteurs, appareils de refroidissement par circulation d'air + dispositif pare-soleil

Convient pour	Avantages	Inconvénients
_ Bureaux	_ Bonnes possibilités de réglage par les usagers et local par local _ Dissociation entre ventilation et régulation thermique	_ Air neuf non conditionné _ Impossibilité de récupérer la chaleur _ Chaleur et froid transmis seulement par convection _ Possible sensation d'inconfort, importantes déperditions thermiques en hiver _ Possibilité pour le bruit et la poussière d'entrer dans les locaux

Appareils de ventilation décentralisés, planchers réversibles

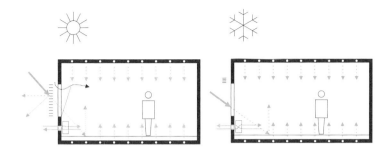

Appareils de ventilation décentralisés, planchers réversibles avec ventilation
optionnelle par les fenêtres en été + dispositif pare-soleil

Convient pour	Avantages	Inconvénients
_ Bureaux _ Salles de réunion	_ Transport efficace de l'énergie par l'eau (couver- ture des besoins de base) _ Chaleur et froid transmis en partie par rayonnement _ Air neuf préconditionné _ Possibilité de définir le taux de renouvellement d'air _ Possibilité de récupérer la chaleur _ Possibilité de réglage par les usagers et local par local _ Dissociation entre ventila- tion et régulation thermique _ Possibilité d'empêcher le bruit et la poussière d'en- trer dans les locaux	_ Installation lourde _ Pratiquement pas de possi- bilités d'évacuer l'eau de condensation _ Impossibilité d'humidifier ou de déshydrater l'air _ Maintenance lourde

Installation de climatisation

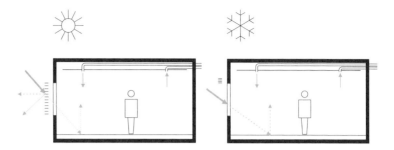

Installation de climatisation + dispositif pare-soleil

Convient pour	Avantages	Inconvénients
_ Logements	_ Air neuf préconditionné	_ Transport inefficace de
_ Bureaux	_ Possibilité de définir le	l'énergie par l'air
_ Salles de	taux de renouvellement d'air	_ Chaleur et froid transmis seule-
réunion	_ Possibilité de réchauffer,	ment par convection
	refroidir, humidifier ou	_ Réglage par les usagers et local
	déshydrater l'air	par local difficilement possible
	_ Possibilité de récupérer la	_ Couplage entre ventilation et
	chaleur	régulation thermique
	_ Bonnes possibilités d'éva-	
	cuer l'eau de condensation	
	_ Possibilité d'empêcher le	
	bruit et la poussière d'en-	
	trer dans les locaux	

Le tableau suivant donne un aperçu des possibilités de combiner les systèmes de ventilation et de régulation thermique présentés dans cet ouvrage. Ce tableau n'a cependant pas de validité générale et ne prétend pas à l'exhaustivité. Sa seule ambition est d'illustrer comment peuvent s'effectuer la comparaison entre différents concepts et le choix d'une solution adéquate.

Systèmes de climatisation	Mode de ventilation		Mode de régulation thermique								Caractéristiques					Applications usuelles		
	Naturelle	Mécanique	Corps de chauffe	Chauffage surfacique	Chauffage à air pulsé	Plafonds réfrigérants	Refroidissement par circulation d'air	Installation de climatisation	Planchers réversibles	Installation décentralisée	Adéquation	Récupération de chaleur	Inertie de réglage	Confort	Possibilités de réglage par les usagers	Logements	Bureaux	Salles de réunion
	X		X								o	−	+	o	+	X	X	
	X			X							+	−	−	+	+	X	(X)	
	(X)	X			X						−	+	+	o	−	X		
	X		X		X						o	−	+	+	+		X	X
	X		X				X				o	−	+	o	+		X	X
	(X)	X							X	X	o	+	o	+	+		X	X
		X					X				−	+	+	−	−	(X)	X	X

85

NORMES

NF EN 378	« Systèmes de réfrigération et pompes à chaleur – Exigences de sécurité et d'environnement »
NF EN 442	« Radiateurs et convecteurs »
NF EN 12828	« Systèmes de chauffage dans les bâtiments – Conception des systèmes de chauffage à eau »
NF EN 12831	« Systèmes de chauffage dans les bâtiments – Méthodes de calcul des déperditions calorifiques de base »
NF EN 15251	« Critères d'ambiance intérieure pour la conception et évaluation de la performance énergétique des bâtiments couvrant la qualité de l'air intérieur, la thermique, l'éclairage et l'acoustique »
NF EN ISO 7730	« Ergonomie des ambiances thermiques – Détermination analytique et interprétation du confort thermique par le calcul des indices PMV et PPD et par des critères de confort thermique local »

RÉFÉRENCES BIBLIOGRAPHIQUES

Sophia et Stefan Behling, *Solar Power*, Prestel, Munich 1996

Jacques Bouteloup, *Climatisation, conditionnement d'air*, 4 vol., Les Éditions parisiennes, Paris 1996-1998

Jacques Bouteloup, Michel Le Guay, Jean Ligen, *Traitement de l'air. Chaud – froid – plomberie*, Les Éditions parisiennes, Paris 1996

Klaus Daniels, *Advanced Building Systems*, Birkhäuser, Bâle 2003

Andrea Deplazes (dir.), *Construire l'architecture*, Birkhäuser, Bâle 2008

Bernard Eyglunent, *Manuel de thermique*, Hermès, Paris 1997

Matthias Fuchs, Thomas Stark, Martin Zeumer, *Energy Manual. Sustainable Architecture*, Birkhäuser, Bâle 2008

Roberto Gonzalo, Karl J. Habermann, *Architecture et efficacité énergétique*, Birkhäuser, Bâle 2008

Alain Liébard, André De Herde, *Traité d'architecture et d'urbanisme bioclimatiques. Concevoir, édifier et aménager avec le développement durable*, Éditions du Moniteur, Paris 2006

Gerassimos Sarlos, Pierre-Édouard Verstraete, Pierre-André Haldi, *Systèmes énergétiques – Offre et demande d'énergie*: méthodes d'analyse, Presses polytechniques et universitaires romandes, Lausanne 2003

René Vittone, *Bâtir*, Presses polytechniques et universitaires romandes, Lausanne 1996 (réimpression 2006)

LES AUTEURS

Oliver Klein est architecte et consultant en énergie. Il mène depuis 2005, en qualité de collaborateur scientifique, une activité d'enseignement et de recherche à la chaire d'architecture écologique de l'Université technique de Dortmund.

Jörg Schlenger est ingénieur civil et ingénieur-conseil en concepts énergétiques et climatiques, avec une spécialisation dans la simulation thermique et énergétique. Depuis 2004, il est collaborateur scientifique à la chaire d'architecture écologique de l'Université technique de Dortmund, où il mène une activité d'enseignement et de recherche.

Directeur de collection : Bert Bielefeld
Conception : Bert Bielefeld, Annette Gref
Mise en page et couverture : Muriel Comby
Traduction : Léo Biétry
Révision : Thomas de Kayser

Toutes les illustrations : Barbara Raaff, Oliver Klein

Information bibliographique de la Deutsche
Nationalbibliothek
La Deutsche Nationalbibliothek a répertorié cette
publication dans la Deutsche Nationalbibliografie ;
les données bibliographiques détaillées peuvent
être consultées sur Internet à l'adresse suivante :
http://dnb.d-nb.de http://dnb.d-nb.de.

Ce livre est aussi paru en version allemande
(ISBN 978-3-7643-8663-4)
et anglaise (ISBN 978-3-7643-8664-1).

© 2009 Birkhäuser Verlag AG
Basel · Boston · Berlin
Case postale 133, CH-4010 Bâle, Suisse
Membre du groupe d'éditeurs spécialisés
Springer Science+Business Media

Imprimé sur papier sans acide, composé de
tissus cellulaires blanchis sans chlore. TCF ∞
Imprimé en Allemagne

ISBN 978-3-0346-0020-0
9 8 7 6 5 4 3 2 1   www.birkhauser.ch